AF312625

LE TRÈS RÉVÉREND FRÈRE
Gabriel TABORIN

FONDATEUR ET PREMIER SUPÉRIEUR
DE L'INSTITUT DES FRÈRES DE LA SAINTE
FAMILLE DE BELLEY

LE R.P. LOUIS CARLIER
MISSIONNAIRE DE LA SALETTE.

LE TRÈS RÉVÉREND FRÈRE
GABRIEL TABORIN

FONDATEUR ET PREMIER SUPÉRIEUR DE
L'INSTITUT DES FRÈRES DE LA SAINTE
FAMILLE DE BELLEY.

GRENOBLE
IMPRIMERIE SAINT-BRUNO. F Eymond Dir.
1927

DÉCLARATION DE L'AUTEUR

En ce qui concerne cet écrit ainsi que tous les autres
émanés de ma plume et, toutes les paroles sorties de mes
lèvres, je proteste n'avoir d'autre doctrine que celle du
Pontife infaillible de Rome, embrassant tout ce qu'il approuve et réprouvant tout ce qu'il condamne.

L. C., M. S.

Approbation du T. R. P. Pajot, Supérieur général des Missionnaires de La Salette :

IMPRIMI POTEST :

P. PAJOT, M. S.
Supérieur général.
Gratianopolis, die 25 Julii 1926.

Permis d'imprimer de l'Evêché de Grenoble :

NIHIL OBSTAT :
O. JAIL., can. censor.
Gratianopolis, die 13ᵃ Octobr. 1926.

IMPRIMATUR :
J. VITTOZ, Vic. gén.
Gratianopolis, die 14 Octobris 1926.

LETTRE DE S. E. LE CARDINAL LUÇON

AU SUPÉRIEUR GÉNÉRAL

DES FRÈRES DE LA SAINTE-FAMILLE

Archevêché

DE

Reims

28 *Avril 1927.*

Mon bien Cher Frère,

J'ai lu rapidement, mais tout entière, la vie du Très Honoré Frère Gabriel, Fondateur de votre Institut de la Sainte-Famille. Elle m'a profondément édifié. La foi vive, la simplicité, la force de volonté du Frère Gabriel, sa patience, sa confiance en Dieu, sa persévérance que rien ne décourage inspirent une affectueuse sympathie pour cette belle âme.

Les épreuves ne lui ont point manqué, les déceptions et les échecs ne lui ont point été épargnés ; mais sa volonté de travailler au service de Dieu et de se dévouer à l'éducation chrétienne de l'enfance ont fini par triompher de tous les obstacles.

On aurait cru vouée à l'échec une entreprise aussi difficile que celle de fonder un Institut de Frères destinés à l'enseignement, tentée avec si peu de moyens et de ressources. Quel courage et quelle abnégation ne fallut-il pas aux premiers disciples du Fondateur pour supporter la pénurie et les privations du début !

Mgr Devie comprit bien vite la valeur de cette âme d'élite. Cependant il ne lui laissa paraître sa paternelle affection, il ne lui donna ostensiblement sa confiance, il ne lui prêta son concours effectif, qu'après l'avoir éprouvée et l'avoir vue à l'œuvre. Et c'est un spectacle intéressant et émouvant que de voir le petit grain de sénevé grandir au milieu des épreuves, résister à tous les orages, et devenir enfin le grand arbre qu'il est aujourd'hui.

Ce petit paysan sans culture qu'était Gabriel Taborin, qui n'avait fréquenté que l'école primaire de son village, a su organiser l'Institut que son zèle avait rêvé, et lui donner des Règlements et des Constitutions dont on loue la sagesse et qui ont mérité l'approbation du Saint-Siège.

Il a su apprendre à penser, à parler, à écrire de manière à faire des conférences à ses disciples, à leur écrire des circulaires, à composer pour leur usage des ouvrages d'une réelle valeur. Il a su traiter avec les autorités locales, départementales, académiques, avec les Evêques, et il est à remarquer qu'il arrivait presque toujours à les ranger à son avis, à les gagner à ses désirs.

En ce temps-là les autorités civiles appréciaient encore l'instruction religieuse et l'éducation chrétienne. Elles se montraient bien disposées envers les hommes de dévouement qui, sous l'habit religieux, se consacraient à cette œuvre importante.

Cela ne devait pas toujours durer. Le temps vint où l'on retira aux Congrégations religieuses le droit de vivre en communauté et de donner l'enseigne-

*ment dans les écoles. Mais quand l'ouragan se
déchaîna, l'Institut de la Sainte-Famille avait déjà
des racines profondes et put résister à la tempête.
Ces Frères que l'on chassait de France, les pays
d'outre-mer les appelaient. J'étais alors Evêque de
Belley. Et quand l'Evêque de Montevideo demanda
des Frères de la Sainte-Famille, c'est moi qui leur
donnai l'autorisation de répondre à l'appel qu'on
leur adressait de l'Uruguay, où ils fondèrent une
maison d'éducation devenue très prospère.*

*Je n'ai point connu personnellement le Frère
Gabriel, je n'ai point assisté aux débuts de son
Institut ; mais j'ai pu juger l'arbre à ses fruits. J'ai
vu les Frères à l'œuvre pendant dix-huit ans à Belley, et j'ai été édifié de leur piété, de leur amour
du travail, de leur ardeur à l'étude et de leur bon
esprit.*

*Je les félicite d'avoir eu l'heureuse pensée de
faire écrire la vie de leur Très Honoré Frère Fondateur. Cet ouvrage, en le faisant connaître, ainsi
que le passé déjà long de son Institut, ne peut
qu'inspirer de la sympathie et de l'estime pour la
famille religieuse dont il a été le Père.*

*Veuillez agréer, mon Cher Frère, l'assurance de
mon bien affectueux dévouement en Notre-Seigneur Jésus-Christ.*

† L. J. Card. LUÇON,

Arch. de Reims.

LE T. R. FRÈRE GABRIEL TABORIN

AVANT-PROPOS

A l'époque de la canicule, alors qu'un soleil implacable brûle et crevasse le sol, flétrit et dessèche les plantes, on croirait que c'en est fait de toute végétation et que plus jamais on ne reverra l'herbe verdir, les fleurs s'épanouir et les champs produire des moissons. Mais quelques mois se sont à peine écoulés que de nouveau les bourgeons se gonflent et éclatent sous la poussée de la sève, la verdure reparaît, les parterres étalent leur parure diaprée et la campagne promet de plantureuses récoltes. La nature n'était morte qu'en apparence ; la Providence lui gardait des germes de vie appelés à se développer sous l'influence de températures plus propices.

Ainsi chez nous, aux jours sombres de la Révolution, sous le souffle dévorant de la persécution, toute vie chrétienne semblait anéantie : les églises étaient profanées, les solennités saintes proscrites, les prêtres fidèles guillotinés, les bons chrétiens molestés de mille manières. Quelques années plus tard, la Religion refleurissait sur le sol de France. Dieu avait conservé précieusement au sein de notre pays des germes vitaux qui ne tardèrent pas à fournir de superbes floraisons de vertus et de riches moissons d'œuvres saintes, grâce à la culture d'ouvriers d'élite suscités par le céleste Laboureur, pour opérer cette merveilleuse résurrection.

Dans cette pléiade de restaurateurs du règne divin, parmi lesquels brillent d'un éclat particulier les Sophie Barat, les Julie Billiard, les Madeleine Postel, les Jean-Marie Vianney, les Jean-Claude Colin, les Marcellin Champagnat, ne paraît pas indigne de prendre rang Gabriel Taborin, Fondateur et premier Supérieur de l'Institut des Frères de la Sainte-Famille, de Belley. Bien qu'il ait quitté ce monde depuis déjà une soixantaine d'années, aucun écrit n'a encore été, jusqu'ici, publié à sa mémoire.

Ses fils spirituels, toutefois, gardaient, comme un précieux trésor de famille, d'intéressants documents le concernant, recueillis avec un soin pieux par l'un d'eux, le Frère Frédéric, sur l'ordre de ses Supérieurs. Ils ont pensé, et avec raison, que la publication de ces notes intimes, revues et mises en ordre, serait de nature à glorifier Dieu toujours admirable dans ses bons serviteurs, à édifier les âmes et à attacher plus étroitement les Frères à leur sainte vocation. De là, le présent livre.

Trois parties, d'inégale longueur, en feront logiquement le partage.

Dans la première, on verra *la préparation* de notre héros à sa destinée providentielle.

Dans la seconde, on apprendra les longues et pénibles *épreuves* dont son entreprise a été traversée.

Dans la troisième, on constatera les heureux et consolants *succès* qui ont enfin couronné sa persévérance.

BELLEYBOUX (AIN). — VILLAGE NATAL. VUE GÉNÉRALE

PREMIÈRE PARTIE

LA PRÉPARATION

(De 1799 à 1824)

CHAPITRE I

Le pays natal

Belleydoux dans le passé. — Naissance de Gabriel. — Un foyer chrétien. — La famille Taborin.

Sur les confins du diocèse de Belley, à 22 kilomètres de Bellegarde, et sur la frontière du département du Jura, s'élève, à 730 mètres d'altitude, avec sa population qui actuellement n'atteint pas tout à fait six cents habitants, le paisible et pittoresque village de Belleydoux (*belli adjutorium*, aide de guerre), au bas duquel coule la torrentueuse

Semine. On y jouit d'un air pur, d'un climat salubre et d'une belle vue sur les montagnes et les vallées de Nantua.

Belleydoux et les localités voisines d'Echallon, de Saint-Germain-de-Joux, furent donnés en 930 à Abranus, abbé du monastère de Nantua, « pour le salut de leur âme », par Albert, deuxième comte de Genevois, et Odda son épouse.

Sur ces parages alors couverts de forêts et qui avaient servi jusque là de lieux de chasse aux comtes de Genevois, les abbés de Nantua ne tardèrent pas à attirer des colons en leur cédant du terrain, moyennant une certaine redevance, et à élever sur le territoire de Belleydoux le château-fort de Gobet, à l'endroit même où se trouve aujourd'hui le hameau qui porte ce nom.

En 1159, Belleydoux formait déjà une commune, et dans des actes publics datant de 1610, on trouve mentionnés les noms des familles Taborin et Poncet, ancêtres paternels et maternels du Fondateur de la Sainte-Famille.

Les mêmes noms figurent encore dans un écrit du 16 avril 1640, relatif à la reconstruction de maisons brûlées par les Comtois. A cette époque, en effet, la Franche-Comté était, depuis deux cents ans, au pouvoir des Espagnols et ne devait revenir à la France qu'en 1694. Les frontières des deux pays se firent pendant quelque temps une guerre de représailles acharnée. La vie des habitants n'était plus en sûreté ; beaucoup de familles cherchèrent un asile ailleurs et Belleydoux, quand cessèrent ces scènes de carnage, ne comptait plus que quarante personnes, Echallon quatre-vingts et Saint-Germain soixante-deux.

Pendant longtemps, notamment à cette époque douloureuse, la paroisse de Belleydoux était placée sous la houlette pastorale de l'Evêque de Genève. Elle n'a pas échappé aux ravages de la Révolution, et le passage du Commissaire du Gouvernement pour le département de l'Ain, le trop fameux Albitte, y a laissé de lamentables ruines comme partout ailleurs. Cependant la foi des habitants ne fut pas ébranlée par la persécution et, dès que le culte eut été rétabli, Belleydoux reprit sa physionomie religieuse qu'il garda depuis lors, car maintenant encore, c'est une des paroisses les plus chrétiennes du diocèse de Belley.

Tel est le théâtre privilégié où, le 1er novembre 1799 [1], vint au monde Gabriel Taborin. Sa naissance occasionna une grave maladie à sa mère qui fut, trois jours durant, dans un état presque désespéré. Enfin, pour le bonheur de ses enfants, tous encore en bas âge, il plut à Dieu de lui rendre la santé.

Il est à présumer que les parents du nouveau-né, si foncièrement chrétiens, n'ont pas tardé à le faire régénérer dans les fonts sacrés. Malgré de diligentes recherches, son acte de baptême n'a pas été retrouvé, ni dans les registres paroissiaux de Belleydoux, qui ne remontent pas au delà de 1801, ni dans les archives de l'Evêché de Belley, où plusieurs déménagements successifs ont introduit, paraît-il, une telle confusion, qu'elle n'a pas encore pu être réparée.

Le père de Gabriel, Claude-Joseph Taborin, joi-

---

[1] « Le 10 Brumaire, an VIII », pour reproduire le jargon républicain de l'époque.

gnait à la profession d'aubergiste celle de marchand de fromages. C'était un excellent chrétien, et il aurait administré une fameuse morale au voyageur qui lui eût demandé à faire gras les jours défendus. Lorsque, le soir, l'heure du coucher avait sonné, il ne se contentait pas de réunir les membres de sa famille pour faire la prière en commun, il invitait ses hôtes à prendre part à ce pieux exercice et, en général, ils se rendaient volontiers à son invitation.

En preuve de la considération et de l'estime dont ils l'entouraient, ses concitoyens l'avaient élu adjoint au maire de la commune, et il garda assez longtemps cette fonction, bien qu'il n'eût pas fait d'études et pût à peine tracer son nom. Doué du plus aimable caractère, même dans un âge avancé, il savait mettre tant de gaieté et de charme dans ses entretiens, que les enfants eux-mêmes s'attroupaient autour de lui pour l'entendre. Il possédait un naturel ardent, mais savait, par vertu, se contenir dans les justes bornes. Au cours de la maladie qui le ravit à sa famille, il fit preuve d'une patience si constante et si parfaite, que tous en étaient profondément édifiés et, jusqu'à son dernier soupir, il manifesta les sentiments les plus religieux.

Comme il avait remarqué dans l'un de ses fils (celui-là même à qui sont consacrées ces lignes) des qualités et une vertu particulières, il lui proposa de le favoriser dans son testament ; mais le jeune Gabriel, par un délicat sentiment d'équité et de justice, le pria de n'en rien faire, ne voulant jouir d'aucun privilège au détriment de ses frères. Cet

L'ÉGLISE DE BELLEYDOUX (AIN)

excellent père de famille mourut le 6 mars 1826, âgé de 69 ans.

La mère de Gabriel, Marie-Josephte Poncet-Montanges, sortait d'une famille dont la parenté est nombreuse encore à Belleydoux. C'était une femme recommandable par sa piété. L'un des curés de la paroisse, M. Humbert, décédé religieux Mariste, a rendu d'elle ce glorieux témoignage. Elle mourut le 18 septembre 1837, à l'âge de 83 ans.

Les époux Taborin eurent quatre enfants : François, Joseph, Jacques et Gabriel. Les trois premiers se sont établis dans le monde et sont devenus pères de famille ; le quatrième s'est consacré à Dieu dans la vie religieuse ; ces modestes pages n'ont pas d'autre prétention que de retracer sa vertueuse existence.

Chapitre II

La première enfance

Le petit turbulent. — Devoirs des parents. — Gabriel, objet d'une sollicitude particulière ; comment il y répond. — Premières leçons. — Enfant de chœur. — Nouveau Bernardin de Sienne. — Célébrant et prédicateur. — Accusation calomnieuse et correction imméritée. — Une messe interrompue.

Dès ses plus tendres années, le futur Fondateur fit paraître une vivacité, une pétulance peu communes. « Il fallait voir, a rapporté François Perrin, ancien domestique de la famille Taborin, comme il se démenait dans son berceau ! Quand je le prenais

dans mes bras, j'avais parfois peine à le contenir,
et, si je le contrariais quelque peu, le petit turbulent tâchait de me frapper avec les mains. Mais
quand il eut grandi et que la raison se fut dévelop-
pée en lui, il devint un sujet d'édification pour ses
camarades, plein de bonté pour eux et pour tous. »

Quand Dieu fait descendre sur un foyer la précieuse bénédiction de la paternité et de la mater-
nité, il répète aux parents la parole que jadis la fille
du Pharaon égyptien adressait à la mère du jeune
Moïse : « Recevez cet enfant, élevez-le pour moi,
je vous donnerai votre récompense »[1]. Il leur
renouvelle ce commandement qu'il intimait autrefois aux Israélites : « Apprenez ma loi à vos enfants,
pour qu'ils la méditent »[2]. Saint Paul, de son côté,
leur fait entendre ces solennels avertissements :
« Elevez vos enfants en les instruisant et en les cor-
rigeant selon le Seigneur[3]. Si quelqu'un ne prend
pas soin des siens, particulièrement de ceux de sa
propre maison, il a renoncé à la foi et est pire qu'un
infidèle »[4]. La formation du jeune chrétien, avant
même d'être confiée au ministère du prêtre à
l'église, doit avoir commencé dans la famille, et
le premier banc de catéchisme pour le petit enfant
est naturellement le bras de sa mère.

Imbus de ces principes de la foi, les époux Taborin les mirent en pratique. Toutefois, si la mère
de famille ne négligea rien pour faire de tous ses
enfants, sans exception, de bons chrétiens, elle
apporta un soin tout particulier à former en son

---

[1] Exode, II, 9.
[2] Deutér., XI, 19.
[3] Ephés., VI, 4.
[4] I Tim., V, 8.

Gabriel, un jeune homme selon le cœur de Dieu, soit parce qu'il était son dernier, soit parce que sa naissance avait failli lui coûter la vie, soit surtout parce qu'elle remarquait en lui des dispositions peu communes pour la piété et la vertu. Le respect et le recueillement de l'enfant dans ses prières, son désir constant de plaire à son Père du Ciel, son attention à ne causer de peine à personne et à obéir aux moindres désirs de sa mère prouvaient à Madame Taborin que ses efforts étaient couronnés de succès.

Gabriel atteignait sa sixième année. M. l'abbé Rey, curé de la paroisse, qui avait remarqué son air gracieux et intelligent et son excellente nature, désira l'avoir pour enfant de chœur. Sur la demande de ses parents, il voulut bien se charger de lui donner les premiers éléments des connaissances humaines.

Dans la pensée du pieux pasteur, Gabriel devait un jour être la gloire de sa famille et procurer le salut de beaucoup d'âmes. Il eut soin, avant tout, d'inspirer à son élève ces sentiments de foi et de piété qu'il faudrait toujours solidement établir à la base de l'éducation et de l'instruction de la jeunesse. Il lui apprit à servir la messe et à décorer les saints autels. L'enfant s'acquittait de ses fonctions avec un zèle et une dextérité bien rares chez les petits garçons de son âge.

C'est à l'église que le digne curé conduisait son disciple pour lui donner ses leçons sur la religion. Il lui disait alors : « Mon enfant, tu vois le tabernacle ; eh bien ! le Bon Dieu y demeure. Nous ne pouvons l'apercevoir, mais Lui nous voit ; c'est pourquoi il faut être bien sage toujours en sa présence. Allons, récite ta leçon. » Ainsi, en même temps qu'il instruisait son élève, le bon pasteur jetait dans son âme les fondements de cette foi qui a brillé plus tard d'un si vif éclat et qui a dirigé toute sa conduite.

Cette éducation si éminemment religieuse, appuyée par les bons exemples qu'il recevait au sein de sa vertueuse famille, ne tarda pas à porter ses fruits. On vit le jeune Gabriel, indifférent aux amusements de l'enfance, ne montrer de goût que pour les pratiques de la piété et les cérémonies de la religion. L'église et la maison paternelle étaient ses séjours de prédilection. On peut lui appliquer ce que nous lisons de saint Bernardin de Sienne, dans le récit de sa vie : qu'il « était modeste, doux, humble, pieux. Il faisait ses délices de la visite des églises et de la prière ; sa dévotion le portait surtout à servir la messe. Comme il était doué d'une mémoire admirable, il répétait à ses compagnons les discours de piété qu'il avait entendus, et cela avec autant de fidélité que de grâce »[1].

La piété s'était déjà tellement ancrée dans l'âme de Gabriel, qu'il ne pensait plus qu'aux œuvres ayant trait à la religion. Il débuta par imiter les cérémonies sacrées qu'il a toujours tant aimées et qu'il s'est efforcé de faire aimer à ses disciples. Comme il assistait quotidiennement à la messe, il en eut bientôt retenu tous les détails, qu'il s'appliquait ensuite à reproduire.

Ses parents, loin de mettre obstacle à ses pieux desseins, lui procurèrent toute facilité de les réaliser en laissant dans ce but, à sa disposition, une

---

[1] Godescard, au 20 mai.

chambre de leur maison qui était spacieuse. Au comble de la joie, l'enfant transforma ce local en une chapelle qu'il orna du mieux qu'il put et où il éleva une sorte d'autel. Revêtu d'une aube et d'une chasuble assez rudimentaires qu'il s'était confectionnées lui-même, il s'essayait à célébrer le Saint Sacrifice. Un domestique, qui ne l'a jamais quitté, faisant l'office de servant, répondait aux prières, agitait la sonnette, etc... Un peu plus tard, il invita ses petits compagnons à venir assister à sa *messe*.

Comme Gabriel était bon pour eux en même temps que bien sage, les enfants de Belleydoux s'y rendaient en grand nombre. Quand l'heure de l'office était arrivée, il parcourait le village en sonnant de sa clochette. Tous alors quittaient volontiers leurs jeux et bientôt sa petite chapelle était remplie. On pourrait penser qu'il se passait quelques désordres dans ces réunions : il n'en était rien. Gabriel observait, dans tout ce qui touchait à la religion, un sérieux, une gravité sans pareils : on aurait dit un moine en communication avec Dieu. Aussi prit-il, dès le début, un véritable ascendant sur ses camarades. Il maintenait dans l'ordre, dominait et gouvernait à son gré la troupe enfantine et lui faisait des instructions, imitant le ton et les gestes de M. le Curé, qu'il avait soin de bien regarder pendant le prône dominical.

Un peu plus tard, des personnes plus âgées vinrent à ces séances et elles en sortaient vivement impressionnées. L'orateur ne se contenta plus alors du prône du dimanche ; comme il étudiait beaucoup la vie des saints, surtout celle des religieux et des moines, il aborda d'autres sujets, les entremêlant de paraboles et d'exemples puisés dans ses lectures. C'était après l'évangile qu'il adressait la parole à son auditoire.

S'il est vrai, ainsi qu'on l'a dit, que la maman Taborin avait, comme autrefois Jacob pour Joseph, une particulière affection pour son benjamin, jusqu'à lui donner parfois quelque petite friandise, ce n'était pas au point de lui épargner une punition, quand il l'avait méritée. Le fait suivant en est la preuve.

Un jour que Gabriel avait été envoyé en commission dans une maison située à quelques pas du village, sur la route de Saint-Germain, il fut accusé par un enfant qui dormait dans le verger contigu, de s'être permis en passant, sur le dormeur, une manière inconvenante. En présence de cette accusation portée devant elle par la mère du plaignant, Madame Taborin, quoique son fils se défendît énergiquement de s'être conduit de la sorte, attribuant sa dénégation à la peur d'être châtié, et se souvenant de la parole divine que « c'est haïr son enfant que de lui épargner la verge »[1], lui administra une rude correction. Cependant, quand il eut appris que son petit compagnon avait été puni, le dénonciateur avoua que la plainte émanée de lui était dénuée de tout fondement. A cette nouvelle, le cœur de la mère de Gabriel éprouva une vive peine et elle exprima à son fils le regret de l'avoir fouetté, puisqu'il était innocent, lui demandant s'il ne lui en gardait pas quelque ressentiment. « Non, mère, répondit l'enfant, je voyais que vous me pensiez coupable et je comprenais que, en me punissant, vous faisiez votre devoir. »

---

[1] Prov., XIII, 24.

Maison qu'habitait le Frère Gabriel

Admirable réponse dans la bouche d'un enfant de sept à huit ans ! Combien elle dénote de discernement et de jugement et en même temps de respect pour les auteurs de ses jours !

Nous terminerons ce chapitre par le récit d'un incident qui fut fort pénible à Gabriel. Un jour qu'il disait sa *messe*, il avait sur les épaules une chasuble faite en papier peint apporté par un berger, lorsque le père de celui-ci entra, réclamant en blasphémant son rouleau de papier. La chasuble et divers autres ornements, également confectionnés avec le dit papier, furent violemment arrachés, le tout avec un formidable roulement de jurons et une pluie de coups au trop pieux berger. La consternation était grande et personne ne souffla mot. La colère du père étant satisfaite, il se retira. Alors, le célébrant dépouillé se contenta de dire, avec le sang-froid qui lui était habituel : « Prions, mes bons amis, pour demander pardon à Dieu de tous ces blasphèmes et du scandale dont nous venons d'être témoins. » La prière se fit et chacun se retira tout contristé.

Chapitre III

Le pastoureau

Dieu aime les pasteurs. — Prières et prédications en plein air. — Les processions. — La chapelle détruite. — Un incendie. — La sonnaille retrouvée. — Une faute de gourmandise.

C'est merveille comme le Seigneur aime à prendre ses privilégiés parmi les pâtres des solitudes ; témoin le choix qu'Il fit de Joseph pour sauver l'Egypte, de David pour gouverner son peuple, de Geneviève pour délivrer Paris, de Jeanne d'Arc pour ressusciter la France, de Vincent de Paul, du Curé d'Ars, et de tant d'autres. De même la Reine du Ciel appelle plus particulièrement des bergers à la grâce de la contempler et de recevoir ses confidences. Tels : Benoîte au Laus, Maximin et Mélanie à La Salette, Bernadette à Lourdes. Ce titre spécial aux préférences célestes ne manqua pas à notre Gabriel.

Dès qu'il eut atteint sa huitième année, il fut chargé par ses parents, de mener paître un modeste troupeau de vaches ou de brebis. Dans cet emploi qu'il remplit jusqu'à sa première communion, il manifesta auprès des autres bergers la même piété et le même zèle que dans l'intérieur de la maison paternelle. Souvent, il les réunissait (sauf ceux que le sort avait désignés pour garder le bétail) autour d'un autel rustique qu'il avait construit, soit avec des pierres, soit avec des tavaillons (petites lattes de sapin qui servaient à couvrir les maisons).

Le chapelet récité, notre petit apôtre, du haut d'un tertre voisin ou d'une grosse pierre disposée à cet effet, haranguait l'assemblée avec ce feu, cette énergie qui lui étaient naturels. Dans ses entretiens, il exhortait ses compagnons au respect et à la soumission envers leurs parents ; il leur recommandait d'aimer et de servir Dieu, et d'avoir une grande dévotion à la Sainte Vierge. Comme lui-même prêchait d'exemple, ses conseils ne laissaient pas que de porter du fruit.

Quelquefois, la prédication était suivie d'une procession où l'on chantait, soit des cantiques, soit le plus souvent les litanies de Notre-Dame. Tout se passait correctement, car, dit l'un de ses camarades qui démolissait parfois ses petits autels, « les exercices de piété devaient se faire avec le plus grand recueillement et le plus grand sérieux. Si quelqu'un s'écartait de cette règle, Gabriel manifestait aussitôt son mécontentement et ne tardait pas à obtenir de l'étourdi qui s'était oublié le silence et l'immobilité.

François Perrin remarque qu'en tête de ces processions s'avançaient une croix grossièrement façonnée et une bannière consistant en un grand mouchoir fixé à l'extrémité d'un bâton. Et il ajoute : « Les enfants et les autres bergers témoignaient au petit Gabriel une sorte de respect et lui étaient soumis. Il le fallait bien, car il ne badinait pas, surtout lorsqu'il s'agissait de quelque exercice pieux ; alors il se démenait pour que tout marchât parfaitement. Il exigeait la soumission de tous, même des plus âgés, et moi-même, je devais quelquefois me mettre à la procession, quoique j'eusse dix-huit ans de plus que lui. »

La cérémonie terminée, les pâtres retournaient à leurs ébats. Quant à Gabriel, il ne prenait que très peu de part au jeu. Il continuait à prier avec une dévotion tout angélique, car il récitait le chapelet plusieurs fois par jour, ou il étudiait ses livres favoris : le catéchisme ou d'autres ouvrages ayant trait à la religion. Souvent aussi il fabriquait des chapelets qu'il distribuait gratuitement, non seulement à ses camarades, mais à quiconque lui en demandait, car il était généreux.

Cependant, tout ne souriait pas à notre pastoureau. Sans parler de certaines critiques auxquelles il était en butte, il eut à subir des déceptions et des moments d'angoisse. En voici deux exemples.

Le pieux enfant construisait avec art et symétrie de petites chapelles auxquelles il donnait la forme d'une demi-lune. Il avait recouvert l'une d'elles, assez bien réussie, avec des débris de planches ramassés parmi les décombres d'une vieille masure appartenant au père de l'un de ses petits compagnons, lequel avait bien pu suggérer à notre bâtisseur l'idée d'employer pour sa chapelle ces fragments de bois, dans sa persuasion qu'ils étaient inutilisables autrement. Or, voici qu'un beau jour le propriétaire des planches se présente, armé d'une hache, pour reprendre son bien. A l'aspect de cet homme, les bergers, devinant ses intentions hostiles, prennent la fuite et, du haut d'un monticule voisin, observent ce qu'il va faire. Quand ils le voient abattre sans ménagement le toit de leur oratoire, ils en sont profondément affligés et s'écrient : « Oh ! le malheureux, qui détruit notre chapelle ! » Ils ne pouvaient comprendre qu'on

La chapelle Sainte-Anne a Belleydoux (Ain)

pût abattre ainsi, de sang-froid, ce que la piété avait édifié.

Une autre fois, Gabriel se trouvait aux abords de la forêt. Comme le froid était vif, « Venez, dit-il aux pâtres voisins, nous allons réciter le chapelet, puis nous allumerons du feu et nous nous chaufferons. » La récitation terminée, chacun s'en va à la recherche de brindilles qu'on dépose au pied d'un sapin isolé et auxquelles on met le feu. En un instant, la flamme pétille, s'élève et se communique à l'arbre qui commence à s'embraser.

« Mes amis, s'écrie l'enfant effrayé à cette vue, nous sommes perdus, nous allons brûler ! » Tous aussitôt de courir, de rassembler leurs bestiaux et de les pousser devant eux, Gabriel entonnant : « Kyrie eleison, Christe eleison, etc... » et les autres bergers lui répondant, sans pour cela interrompre leur course. Cependant, la pluie ne tarda pas à tomber, l'incendie fut éteint et les bergers en furent quittes pour la peur. Il est probable d'ailleurs que la mousse qui recouvrait le sapin fut seule à s'embraser. Quoi qu'il en soit, la leçon dut leur profiter.

Vers la même époque, le jeune Taborin éprouva un autre chagrin. La vache qui portait la plus grosse clochette et qui marchait toujours en tête de son troupeau, un soir, au moment de regagner l'étable, se trouva démunie de sa sonnaille. Le petit berger ne put d'abord la retrouver, et ses parents lui témoignèrent leur mécontentement de cette disparition. Revenu le lendemain au pâturage qui s'étendait en partie dans le bois, il eut recours au moyen qu'on lui avait fait connaître au catéchisme et dont il devait depuis lors tant de fois éprouver l'efficacité : il se mit à prier Dieu de lui faire retrouver l'objet perdu, et en même temps il le recherchait avec toute la diligence possible. Tout à coup, au milieu des tintements variés des clochettes de tout le troupeau, il distingue le timbre de celle dont il déplore la perte. Aussitôt, se dirigeant du côté d'où vient ce son, il ne tarde pas à apercevoir la sonnaille en question suspendue à un arbuste qu'une vache, en broutant, mettait en branle et qui communiquait son propre mouvement à la sonnette. Gabriel remercia Dieu de l'avoir exaucé et, plus tard, il aimait à raconter ce trait en preuve de l'efficacité de la prière.

Cependant, avec tant d'heureuses qualités, notre petit berger n'était pas impeccable, et il lui arriva, au cours de sa vie pastorale, de commettre la faute que nous allons raconter. Dans son troupeau, avec les vaches de ses parents, s'en trouvait une qui appartenait à l'une de ses tantes. Or, un jour, la soif, l'occasion et peut-être aussi le démon de la gourmandise le poussant, il se permit de traire l'étrangère. Il paraît qu'il n'y alla pas de main morte, car la tante s'aperçut du larcin et porta plainte immédiatement à Madame Taborin. Interrogé par sa mère sur le bien fondé de l'accusation, le pastoureau s'avoua coupable et la plaignante fut indemnisée sur-le-champ du délit commis à son détriment.

CHAPITRE IV

La première Communion

En classe. — Le grand jour. — Redoublement de zèle. — Dévotion à Sainte Anne. — La chaire en péril. — Maître de cérémonies.

L'abbé Rey, qui avait donné à Gabriel ses premières leçons, ayant quitté Belleydoux en 1808, y fut remplacé par M. Bouvier, auquel succéda en 1809 l'abbé Mercier, qui devait mourir dans cette paroisse en 1814.

Ce dernier, déplorant le délaissement où se trouvait la jeunesse, par suite du manque d'instituteur, ouvrit une école et en assuma lui-même la direction. Son zèle le porta à s'occuper des enfants en âge de faire la première communion. Le jeune Taborin était de ce nombre. Il profita du mieux qu'il put des leçons de son curé. Comme il n'était pas pourvu, paraît-il, d'une grande facilité naturelle pour les sciences profanes, il y suppléait par un travail acharné, ayant d'ailleurs assez d'amour-propre pour ne pas se résigner à occuper un rang inférieur parmi ses condisciples.

En ce qui concernait l'instruction religieuse, notamment le catéchisme, il dépassait de beaucoup ceux qui étaient les mieux doués. Cet avantage, joint à la tendre piété qui le distinguait, lui valut l'honneur d'être quelquefois chargé de faire réciter aux autres le catéchisme dans l'église et, de plus, de répéter, dans les moments libres, les instructions données pendant la retraite préparatoire à la première communion.

Sa dévotion redoubla à l'approche de ce grand acte, qui laissa dans son âme des impressions profondes et l'ancra, si l'on peut exprimer ainsi, dans le service de Dieu. Il l'accomplit dans sa douzième année, le jour de la fête de la Sainte-Trinité. Aussi cette fête et celle de la Toussaint, jour anniversaire de sa naissance, lui ont-elles été toujours particulièrement chères. Il a reconnu que c'est par l'assistance de la très adorable et indivisible Trinité et grâce à l'intercession des saints, qu'il est parvenu à remplir la tâche que Dieu semblait exiger de lui.

Pendant les deux années qu'il resta encore dans sa paroisse natale, après sa première communion, Gabriel, obéissant à son vif attrait pour l'étude de la religion, ne manqua jamais d'assister au catéchisme fait aux enfants, bien que ni ses parents, ni M. le Curé ne lui en imposassent l'obligation. Au contact du Cœur eucharistique de Jésus, son zèle pour la gloire de Dieu et le salut des âmes avait pris un nouvel accroissement. Chrétien tout de feu, il ne se possédait pas et ne rêvait que le bien. Il aurait voulu convertir tout le monde. En conséquence, il avait repris ses réunions avec un redoublement d'ardeur ; mais, au lieu de demeurer dans la maison paternelle, il se transportait dans quelque hameau de la paroisse. Les habitants, qui le connaissaient comme le modèle de la jeunesse, lui prêtaient volontiers un appartement qu'ils l'aidaient même à disposer, pour servir au but poursuivi. Ces assemblées avaient lieu ordinairement le dimanche, après les vêpres.

Au jour déterminé, le jeune conférencier convoquait par billet les adolescents qui partageaient ses vues et qu'il savait profiter de ses entretiens.

Souvent le local de la réunion était insuffisant pour contenir tous les auditeurs, car beaucoup de personnes y assistaient. Si, par hasard, quelqu'un manquait au silence, Gabriel le faisait sortir. Il avait pris un tel ascendant, qu'on ne citait pas un seul cas où il n'ait été obéi.

Le hameau de Bellevoîte, situé à 1.500 mètres environ du centre de Belleydoux, avait les prédilections de notre petit apôtre pour plus d'une raison : d'abord, les habitants en étaient pieux ; de plus, son père y possédait une maison. C'était là aussi que résidait une de ses tantes, nommée Anne. Mais surtout, il se trouvait dans ce hameau une statue de la Mère de la Très Sainte Vierge, devant laquelle Gabriel aimait à s'agenouiller toutes les fois qu'il se rendait à Bellevoîte. Sa tante l'avait soustraite, pendant la Terreur, aux mains des révolutionnaires. Toute sa famille, d'ailleurs, était animée comme lui-même, d'une tendre dévotion envers Sainte Anne. Ses aïeux lui avaient élevé, dans ce même hameau, une chapelle qui fut démolie aux sombres jours de la Révolution et à laquelle Claude-Joseph Taborin substitua, dans des temps meilleurs, un oratoire sur l'emplacement de l'édifice primitif qui était sa propriété.

Le catéchiste-conférencier devenant de jour en jour plus grave, ses instructions à Bellevoîte étaient bien suivies. Quelquefois les larmes coulaient avec abondance, surtout lorsqu'il parlait du péché et des grandes vérités de la religion ; car déjà il était pathétique. Ce sérieux, cette énergie, cette conviction profonde qu'on remarquait en lui, pénétraient jusqu'au fond des cœurs. En même temps qu'il catéchisait, il apprenait à se bien confesser et enseignait aussi la manière de recevoir la Sainte Communion, se servant de pains d'autel et entrant dans les plus menus détails pour former les plus jeunes à s'approcher dignement de la divine Eucharistie.

Ces exercices, comme au temps où il gardait son troupeau, étaient quelquefois suivis de processions auxquelles prenaient part religieusement de grandes personnes. Lorsqu'on passait devant une croix, Gabriel se prosternait et les autres l'imitaient. Au retour d'une de ces pieuses démonstrations, il prit entre ses mains la figure d'un vieillard qui y avait assisté et chanté de tout son cœur les litanies de la Très Sainte Vierge, et lui dit : « Eh bien ! mon bon père, je pense que nous irons au Ciel tous les deux. »

Il arrivait parfois que des jeunes gens légers ou malintentionnés se glissaient dans ces dévotes assemblées. Un jour, que notre zélé prédicateur débitait son sermon avec animation, comme d'ordinaire, perché dans une sorte de cuvier suspendu à un pilier, un jeune homme, pour jouir de l'ahurissement de l'orateur, s'avisa de desserrer la corde qui retenait en l'air la chaire improvisée, tout en en gardant cependant les extrémités dans ses mains. Dès qu'il sent sous lui un mouvement de balancement, Gabriel franchit d'un bond la barrière qu'il a devant soi et, retombé sur ses deux pieds en face de son auditoire, continue son allocution sans se troubler. Quant au perturbateur, déjà il s'était éclipsé.

Comme on peut bien le supposer, les critiques ne manquèrent pas à notre héros. Outre celles de quelques jeunes gens qui ne partageaient pas ses idées, il eut à entendre les récriminations de ses frères, surtout lorsqu'il arriva à l'âge de prendre part à leurs travaux. Il est vrai qu'il n'avait pas de goût pour la culture des champs, mais il ne restait pas oisif : la prière, l'étude, la confection des chapelets, la garde du bétail et l'assistance donnée à sa mère dans les soins du ménage occupaient tous ses moments.

Déjà, à cette époque, Gabriel était inaccessible au respect humain ; il le foulait aux pieds et se moquait du qu'en dira-t-on ; on eût dit qu'il se faisait un plaisir de le braver. Il était devenu le chef des enfants de chœur et il s'acquittait de cet emploi avec bonheur. Il leur apprenait à servir la messe avec la modestie et la tenue convenables, à bien articuler les paroles liturgiques et à accomplir toutes les cérémonies du culte sacré avec le respect dû à la majesté divine.

Il fallait que ces petits clercs fussent bien attentifs à éviter les moindres fautes, car il les reprenait vertement. Il fut affecté très vivement du refus que lui opposèrent quelques enfants de revêtir, pour la solennité de la Fête-Dieu, des soutanes noires qu'ils appelaient par dérision des *cotillons*. Il ne pouvait comprendre que, pour Dieu, on pût refuser quelque chose ; aussi réprimanda-t-il sévèrement les petits récalcitrants.

Chapitre V

En pension

Gabriel à Plagnes. — La nostalgie. — Fugue au pays natal. — A Châtillon-de-Michaille. — Vengeance d'un collégien. — Le vieillard édifiant. — Vocation décisive. — Les jabots sacrifiés.

A l'âge de 13 ans, le jeune Taborin ne pensait encore qu'à aimer et à servir Dieu en général, sans éprouver nul appel positif à un état de vie spécial. Comme il s'était conservé très pur et que son instruction religieuse était fort avancée, ses parents et son pasteur jugèrent bon de le préparer à l'état ecclésiastique. Dans ce but, on le plaça d'abord en pension à Plagnes, hameau sis à proximité de Saint-Germain-de-Joux, où se trouvait alors un instituteur jouissant d'une certaine réputation. Ce stage paraissait nécessaire pour mettre l'enfant en état d'apprendre ensuite plus facilement le latin.

Gabriel entrait dans la voie des sacrifices. Objet de l'amour de son vénérable curé, M. Mercier, en compagnie duquel il passait de si agréables moments, des sollicitudes attentionnées d'un père et d'une mère qui le chérissaient tendrement, il lui fut bien pénible de quitter son village. Ce ne fut pas sans verser des larmes qu'il se sépara de ce qu'il aimait le plus au monde. La nostalgie s'empara bientôt de lui ; il en souffrit beaucoup pendant une année. Toutes les fois qu'il avait l'occasion de sortir de la classe, il se hâtait de gravir une petite hauteur de laquelle il découvrait le faîte du clocher de Belleydoux ; il répandait quelques pleurs à la pensée de son père et de sa mère, puis il réintégrait sa place.

L'instituteur de Plagnes était d'une rigidité et d'une dureté sans pareilles. Il donnait un modèle d'écriture à un élève, avec injonction de le reproduire exactement. Il se faisait ensuite apporter la page écrite et frappait impitoyablement de la férule celui qui avait seulement omis de mettre un point sur un i.

Une fois, le magister annonça qu'il allait s'absenter pour trois jours et il recommanda à ses pensionnaires de bien travailler et d'être sages durant ce temps. Une femme était chargée de pourvoir à leur nourriture. Dès qu'il fut parti, tous les enfants, qui étaient des localités voisines, décampèrent à leur tour pour aller voir leurs parents, se promettant bien d'être rentrés avant lui. Mais quelle ne fut pas leur surprise, en arrivant dès le deuxième jour, de trouver le maître déjà revenu à son poste et les accueillant d'un regard qui ne laissait aucun doute sur le châtiment réservé à leur escapade. Gabriel avait fait comme les autres. Le lendemain, il fut appelé à son tour dans une chambre voisine de l'école, d'où il avait entendu sortir les cris de tous ceux qui l'y avaient précédé. La punition consistait à recevoir la verge d'une main qui ne manquait pas de vigueur. A l'ordre qui lui est intimé de se dévêtir, l'angélique enfant, dont la pudeur est révoltée, répond avec fermeté : « Cela n'est pas permis. — Eh bien ! dit le maître déconcerté, vous recevrez dix coups de férule sur chaque main. » L'élève docilement présenta les mains, et pendant les trois jours suivants il ne put écrire, tant elles avaient été meurtries.

Gabriel fut ensuite envoyé dans une autre maison d'éducation, à Châtillon-de-Michaille, pour y commencer ses études de latin. Sa piété exemplaire et la régularité de sa conduite lui méritèrent bientôt la confiance du supérieur de l'établissement, qui le chargeait volontiers de la surveillance de ses condisciples dans certaines circonstances.

L'exercice de cette fonction lui valut une fois un mauvais traitement de la part d'un élève à l'égard duquel il l'avait consciencieusement remplie. Les collégiens se rendaient ensemble à l'église de la paroisse pour y entendre la sainte messe. L'un d'eux laissa choir intentionnellement un billet, en passant près d'une certaine personne, qui le recueillit. L'œil vigilant du surveillant avait vu la manœuvre et le supérieur en fut informé. Quelques jours plus tard l'élève dénoncé demanda à faire un voyage dans sa famille. On le lui permit, mais une adroite filature dont il fut l'objet à son insu au cours de sa sortie, révéla de sa part une grave incorrection qui fit prononcer son expulsion dès son retour au pensionnat. Le coupable devina, paraît-il, que Gabriel, par sa perspicacité, avait été l'occasion de la mauvaise issue de son aventure et, l'ayant rencontré par hasard en sortant de la maison, il lui lança dans l'abdomen un coup de pied tellement violent que le pauvre enfant en fut malade pendant plusieurs jours.

Un jour qu'on l'avait envoyé chercher quelque objet à l'église, il céda à la curiosité bien innocente d'aller considérer de près, à la tribune, le costume blanc dont se revêtaient les membres d'une confrérie paroissiale. Pendant qu'il s'y trouvait, un homme très âgé vint faire sa visite au Saint-Sacrement. Notre écolier se tint coi pour observer l'attitude du nouvel arrivé, qui se croyait seul dans l'église. Quelle ne fut pas son émotion de voir ce vieillard, dont les membres avaient perdu leur souplesse, employer un bon moment pour arriver à fléchir le genou devant l'autel. Le fondateur de la Sainte-Famille a souvent cité ce fait pour l'édification de ses religieux.

C'est dans cette même église que Gabriel prit la résolution de réciter chaque jour : 1° le « Veni Sancte... », pour demander au Saint-Esprit de l'éclairer et de le diriger dans toutes ses actions de la journée ; 2° le « Salve Regina... », pour implorer le secours de la Mère de miséricorde ; 3° l' « Angele Dei... », pour solliciter l'assistance de son ange gardien, et quelques autres prières. Il est demeuré toute sa vie fidèle à cette pratique, au point qu'on l'a entendu affirmer qu'il ne croyait pas l'avoir omise un seul jour.

Durant son séjour dans le pensionnat de Châtillon-de-Michaille, une pensée s'empara si fortement de son esprit, qu'elle dominait tout son être. Elle le poursuivait sans cesse, pendant les études et les classes, jusque parmi le bruit des récréations. Le jour comme la nuit, elle ne lui laissait point de repos. C'était celle, pour employer ses propres expressions « d'embrasser un genre de vie qui unît, aux exercices de la vie religieuse, l'éducation de la jeunesse, le soin de décorer les saints autels et les autres fonctions secondaires du culte sacré. » Il ne se sentait donc pas porté vers l'état ecclésiastique, comme le désiraient ses parents. Peut-être en fut-il détourné en entendant, vers ce temps-là, deux prêtres, à la suite d'une mission qu'ils venaient de donner, discourir entre eux sur la responsabilité qui incombe aux confesseurs et aux pasteurs d'âmes. L'un d'eux s'en effrayait beaucoup et s'exprimait avec une émotion qui frappa vivement Gabriel. Comme cependant il éprouvait un ardent désir de se dévouer au culte divin et au salut du prochain, il cherchait une position qui lui permît d'atteindre ce double but sans assumer la charge du ministère sacerdotal. C'est ainsi qu'il fut conduit par la Providence à travailler à l'établissement d'un Institut destiné à fournir aux paroisses des sacristains et des instituteurs chrétiens.

Après avoir pris un temps convenable pour examiner sa vocation, Gabriel quitta le collège et retourna auprès de ses parents afin d'obtenir leur consentement et d'aviser aux moyens de suivre sa voie. Grande fut la déception des siens qui se réjouissaient par avance de l'honneur de compter un prêtre parmi leurs enfants. Ils acquiescèrent d'autant moins à la demande de leur fils, qu'ils estimaient, avec raison, l'état ecclésiastique incomparablement supérieur à celui qu'il voulait embrasser et qu'ils ne perdaient pas l'espoir de le voir revenir sur sa détermination. Mais quand Dieu parle à une âme docile, tous les calculs humains sont superflus. Or, la voix divine se faisait entendre au jeune Taborin, et il n'était pas de ceux qui refusent de l'entendre.

On se figure difficilement l'état misérable où se trouvaient, vers 1820, un grand nombre de paroisses de la campagne sous le rapport de l'instruction religieuse. L'ignorance y régnait en souveraine. Les enfants ne pouvaient trouver des initiateurs dans leurs parents, qui étaient eux-mêmes dénués des connaissances les plus élémentaires. Sans doute, à l'occasion de la première communion, on les instruisait de la doctrine chrétienne, mais ils n'avaient pas été auparavant préparés à cet enseignement qui devait encore leur manquer ensuite. Il s'ensuivait que bien incertaine était leur persévérance dans le service de Dieu.

Cette détresse morale affectait profondément Gabriel, et bien souvent son âme dévouée rêvait d'y apporter un remède.

Une autre lacune frappait sa religion profonde. Il souffrait du dénûment des saints autels dans la plupart des églises campagnardes. A la vue de ces sanctuaires plus semblables à des étables qu'à des temples, son cœur s'était serré et il éprouvait un irrésistible désir de se consacrer au service de la maison de Dieu et de former des âmes capables de remplir avec lui ce ministère. Désormais sa vocation est positive, irrévocable ; coûte que coûte, il la suivra.

Vers cette époque, le futur Fondateur fit une maladie très sérieuse. On avait désespéré de sa vie. Croyant lui-même sa mort prochaine, il en avait éprouvé un grand contentement et s'y était préparé par la réception des sacrements. Mais Dieu, qui avait sur son serviteur des vues spéciales pour le salut d'un grand nombre d'âmes, en décida autrement, et le malade revint à la santé. Lorsqu'il se vit hors de danger, il éprouva une telle peine que fut différée pour lui l'époque de pouvoir s'envoler au Ciel, qu'il en versa un torrent de larmes.

En se trouvant en face de la mort, il avait compris le néant des choses de la terre. Jusque-là, notre jeune homme n'avait point été inaccessible à une certaine vanité dans la parure. Possesseur d'un vestiaire très complet et en fort bon état, le choix de l'habillement à arborer les jours de fêtes était pour lui une question importante et dont la solution le rendait perplexe. Ses chemises (qu'on nous permette ce détail de toilette) étaient ornées, à leur ouverture, d'une sorte de garniture en mousseline ou en dentelle, alors grandement à la mode, qu'on appelait *jabot*. Revenu à la santé, notre jeune fashionable ne voulut plus garder que les vêtements qui lui étaient nécessaires et un jour de lessive que tout le linge était étendu au soleil, armé d'un couteau, il enlève à toutes ses chemises les jabots dont elles étaient munies. La domestique de la maison, qui le surprit dans cette opération, de s'écrier : « Gabriel est devenu fou ; il coupe ses chemises ! » On accourt, il s'explique et l'on reconnaît en effet qu'il commence à éprouver les atteintes de la folie ; mais c'était celle de la croix.

═══════

Chapitre VI

L'apprentissage professionnel

Les premières armes d'un jeune maître. — Son affection pour ses élèves. — Leur reconnaissance. — Il prend des pensionnaires. — Le sacristain modèle. — Le tirage au sort. — Reprise des réunions d'instruction religieuse. — Vie de piété.

« C'est en forgeant qu'on devient forgeron. » La Providence qui dispose tout avec nombre, poids et mesure, voulant confier à Gabriel Taborin la charge de répandre l'éducation chrétienne et de contribuer à la décence du culte divin, prit soin de le façonner à l'exercice de ce double ministère en lui ménageant le précieux avantage d'en remplir de bonne heure les fonctions dans sa paroisse natale. En attendant qu'il plût à Dieu d'éclairer et de toucher ses parents, le pieux jeune homme se dévoua à faire la classe et à rendre maint service dans l'église. Dès ses débuts, il donna des preuves d'une rare aptitude pour l'enseignement et montra qu'il possédait à un haut degré l'art de s'attacher la jeunesse. Cependant il a raconté lui-même que, dans ses commencements à Belleydoux, il traitait trop sévèrement ses élèves. Les exemples de l'instituteur de Plagnes, dont la rigidité était excessive, pouvaient bien n'être pas étrangers à ce défaut. Il reçut avec une sincère reconnaissance et une entière soumission les paternels avertissements que crurent bon de lui adresser à ce sujet M. l'abbé Charvet, curé de la paroisse, qui lui porta toujours un vif intérêt, et le maire, M. Mermet. Depuis lors, il sut toujours allier dans une juste mesure la bonté à la fermeté dans son rôle d'éducateur.

Mais surtout, à l'exemple du divin Maître, il aima sincèrement la jeunesse et la porta à Dieu de toute l'ardeur de son âme. C'est là, avec le fréquent recours à la prière, le secret de ses succès. Aussi ses élèves allaient-ils à l'école avec plaisir et témoignaient-ils à leur jeune maître le plus grand attachement. Jamais il ne les congédiait, le soir, sans leur avoir fait une petite instruction ou adressé une touchante exhortation.

Les lettres qu'il a reçues d'un certain nombre d'entre eux sont une preuve des bons sentiments qu'il leur avait inculqués en même temps que de l'affection et de la reconnaissance qu'eux-mêmes lui avaient vouées. Le Frère Bernard, mort Supérieur des Frères de la Croix de Jésus, a donné sur son ancien maître les détails suivants, d'autant plus précieux qu'ils émanent d'un témoin oculaire.

« Dans nos campagnes, le Frère Gabriel (on lui donnait déjà cette appellation) était en vénération au moins à l'égal de M. le Curé. Quelques familles qu'il visitait au Poisat, en allant voir M. l'abbé Charvet, qui avait quitté Belleydoux, le portaient aux nues, le consultaient sur leurs affaires, lui confiaient leurs enfants. C'est ainsi que je fus conduit moi-même à Belleydoux, où je suis demeuré, en qualité de pensionnaire, les années 1821, 1822 et 1823.

« Notre nombre variait souvent, parce que plusieurs ne restaient que quelques mois ; je ne crois pas qu'il ait dépassé douze à la fois. A cette époque, le père et la mère Taborin vivaient encore, et on ne faisait qu'un seul ménage. Le Frère Gabriel tenait l'école composée des garçons et des filles, il servait de sacristain et possédait, dans la maison paternelle, un petit magasin de poterie. Une dévouée fille de service, la célèbre Jeanne, était spécialement attachée à ce commerce ; mais Gabriel, qui souvent avait engagé ses parents à quitter leur état d'aubergistes, n'exerça pas longtemps son modeste négoce. Voyant que la vente n'avait guère lieu que le dimanche, il s'en fit un cas de conscience et l'abandonna bientôt.

« Le Frère Gabriel récitait régulièrement l'office de la Sainte Vierge. Durant le Carême, il ne pre-

INTÉRIEUR DE L'ÉGLISE DE BELLEYDOUX (AIN)

naît d'ordinaire à la collation que deux ou trois pommes de terre cuites sous la cendre.

« C'était lui qui se chargeait de toutes les décorations de la maison de Dieu où l'on trouvait toujours du nouveau et de l'original. Ainsi une fois, pour le reposoir du Jeudi-Saint, nous fûmes envoyés à travers la paroisse pour recueillir tous les mouchoirs de couleur que nous pûmes trouver. Ces morceaux d'étoffe, disposés selon leurs nuances et épinglés en forme d'ailes, tapissèrent ensuite les murs de l'église et représentèrent les neuf chœurs des anges.

« Le bon curé de Belleydoux se prêtait à toutes les initiatives de son sacristain bénévole, lui laissant toute liberté d'agir, au point que celui-ci avançait ou reculait les heures à son gré.

« A quelque distance de la maison des Taborin, se trouvait un oratoire construit sur leur terrain et à leurs frais. C'était fréquemment le but de nos promenades. En y allant ou en en revenant, on récitait le chapelet, et, au seuil de la petite chapelle, on chantait quelques couplets d'un cantique, même sans y entrer. Une étroite ouverture, pratiquée dans la porte, permettaient de jeter les offrandes à l'intérieur et d'apercevoir l'autel, surmonté d'une statue [1].

« Lorsque le Frère Gabriel avait à faire quelque sortie, toujours l'un de nous l'accompagnait ; c'était souvent mon tour. Dans ces courses, la conversation roulait habituellement sur les religieux et sur les moines. Au premier coup d'œil, il inspirait une véritable vénération. Souvent, dans l'en-

---

[1] Il doit s'agir ici de l'oratoire et de la statue de Sainte Anne.

tretien, il passait du sérieux aux saillies les plus gaies, ce qui ne lui enlevait rien de l'estime qu'on avait pour sa personne, parce qu'il se possédait toujours et qu'on voyait d'ailleurs que ces boutades étaient calculées. »

Le jour où Gabriel devait tirer au sort (c'était en 1820), il ne prit aucune part aux amusements des jeunes gens de sa classe, mais s'étant adjoint deux conscrits animés d'excellents sentiments, il fit avec eux la route de Belleydoux à Oyonnax, en priant et en implorant la protection de Marie, par la récitation du chapelet. Leur piété fut récompensée ; ils prirent tous trois un bon numéro.

Bien qu'il remplît les fonctions d'instituteur, le jeune maître ne possédait pas encore de diplôme. Ce ne fut que plus tard qu'il obtint le brevet de deuxième degré qui lui permit non seulement de tenir légalement une école, mais encore d'ouvrir un pensionnat. Jusque-là, sur les excellents rapports reçus sur son compte, l'administration académique l'avait provisoirement autorisé à faire la classe.

Quoique déjà bien occupé par sa double charge d'instituteur et de sacristain, Gabriel ne négligea pas les réunions qu'il avait inaugurées avant son départ pour Plagnes, car rien ne lui coûtait, quand il s'agissait de faire le bien. Toutefois, ces assemblées n'avaient lieu que dans l'école ou à la cure, quand M. le Curé était absent. Outre les jeunes gens d'un certain âge qui y étaient admis, de grandes personnes y assistaient. On disait que Gabriel était un vrai missionnaire. Le bien qu'il opéra à cette époque fut considérable. M. Moutet, qui fut curé de Belleydoux de 1818 à 1822, lui donna, en quittant la paroisse, le certificat le plus élogieux. Le successeur de ce dernier, M. Humbert, mort Mariste, n'a pas été moins favorable dans ses appréciations sur son instituteur. Il a déclaré que Gabriel était regardé comme un jeune homme tout à fait dévoué au bien, qu'il apportait dans sa classe une rare exactitude et un soin assidu des enfants ; ajoutant qu'il était plein d'activité pour la décoration de l'église et tout ce qui regarde le culte extérieur, qu'il montrait des égards délicats pour son pasteur et une ardeur empressée pour porter les fidèles à remplir leurs devoirs, enfin, qu'on pouvait attribuer à ses avis et à ses exemples la vie bien édifiante que menaient à Belleydoux un certain nombre de jeunes gens, et que sa réputation s'étendait jusque dans les paroisses voisines.

Toutefois, il eut peu servi à notre héros de se dépenser pour les autres, s'il se fut négligé lui-même. Heureusement, il n'en était pas ainsi. Il ne donnait, pour ainsi parler, que de son trop-plein, ayant soin de faire une abondante provision des grâces du Ciel par le moyen de la prière, de la fréquentation des sacrements et des missions dont il aimait à suivre les exercices toutes les fois qu'il le pouvait. Le 25 mars 1816, il était devenu membre de la Confrérie de Notre-Dame Auxiliatrice. C'est dans sa feuille d'admission que se trouve la petite prière que plus tard il établira l'usage de dire, à la Maison-Mère, après la messe de communauté : « Sainte Marie, Mère de mon Dieu et Sauveur Jésus-Christ... etc. », ainsi que cette invocation qui lui était familière : « A Jésus et à Marie mon cœur et mon âme soient unis ! » Au mois d'octobre 1820, il assistait à une mission donnée à Saint-Claude et, en mai 1823, il suivait celle de Choux. Ainsi le pieux jeune homme se fortifiait dans le service de Dieu et préparait son âme aux épreuves qu'il devait rencontrer sur sa route.

Chapitre VII

En quête d'une Congrégation

Gabriel obtient de ses parents la permission de se donner au Seigneur. — Il opte pour les Frères des Ecoles chrétiennes. — Premiers adieux à Belleydoux. — A l'Evêché de Saint-Claude. — Le plat de thon. — Départ définitif du pays natal.

Cependant au milieu de l'estime générale et en dépit des succès qu'il obtenait, Gabriel ne se sentait pas heureux. Etait-il où Dieu le voulait ? Il ne le croyait pas. La pensée de devenir religieux ne l'avait pas quitté; elle s'était au contraire changée en une conviction bien arrêtée. Il s'en ouvrit à ses bons parents qui lui firent de nouveau opposition, et au curé de Belleydoux, l'abbé Humbert, lequel n'aspirait qu'à le garder pour la bonne éducation des enfants et l'édification de la paroisse. Cependant M. et Mme Taborin, voyant la résolution inébranlable de leur fils et craignant de s'opposer à la volonté divine, lui donnèrent enfin leur consentement, et lui facilitèrent même le moyen de suivre sa vocation. Sans doute Gabriel, qui avait alors vingt-cinq ans, aurait pu se passer légalement du consentement paternel, mais le respect

et la déférence qu'il professait pour les auteurs
de ses jours le portaient à faire tout le possible
pour obtenir leur agrément.

On était au mois de juin 1824. Il n'existait à
cette époque que de rares Congrégations et le pieux
aspirant ne savait de quel côté diriger ses pas pour
en trouver une qui appliquât ses membres aux
fonctions vers lesquelles il se sentait attiré si fortement. Dans sa perplexité, il recourut à la prière
avec une sainte ardeur et une persévérance que
rien ne pouvait rebuter.

Il fit, dans ce temps-là, un voyage à Lyon, où,
après s'être mis en rapport avec les Frères de
Saint-Jean de Dieu et ceux des Ecoles chrétiennes, il s'était décidé à entrer chez ces derniers. A
son retour, il prit quelques jours pour régler ses
affaires et préparer son trousseau. Ayant communiqué son projet à son cousin et ami, François
Poncet, qui partageait ses vues, celui-ci résolut de
l'accompagner. Le jour du départ approchait, et
Gabriel faisait ses adieux à ses connaissances et
à ses bienfaiteurs. Il se rendit à Saint-Claude pour
y prendre congé de M. l'abbé Girod, secrétaire de
l'Evêché, avec lequel il entretenait d'excellentes
relations, et de la Sœur Désirée, supérieure de
l'hôpital.

A l'instigation de cette dernière, le Secrétaire
épiscopal, qui, en ce moment, s'occupait de chercher un valet de chambre pour son prélat, Mgr de
Chamond, travailla à retenir en cette qualité
Gabriel, lui alléguant qu'en temporisant quelque
peu, il pourrait mûrir davantage son projet d'entrer en religion, et que d'ailleurs, au service de Sa
Grandeur, il serait déjà en quelque façon retiré

du monde. Ces sophismes, présentés avec art et d'une manière pressante, et surtout la crainte de peiner l'abbé Girod par un refus, déterminèrent le jeune instituteur à accepter la proposition qui lui était soumise et, à la fin de juin, il s'installait à l'évêché de Saint-Claude.

Mgr de Chamond, vraisemblablement au cours des pourparlers qui précédèrent cet événement, daigna faire à son futur serviteur l'honneur de l'admettre une fois à sa table. C'était un vendredi, une belle tranche de thon fut servie. Notre invité, s'imaginant que c'était une des viandes prohibées par l'Eglise les jours d'abstinence, ouvrit de grands yeux et se promit bien de n'en pas accepter. Lorsqu'on lui présenta le plat, il refusa d'y toucher, en remerciant. Il paraît qu'on se douta de sa méprise et l'on insista. Nouveau refus. Alors son vénérable hôte lui dit : « Gabriel, pourquoi ne prendriez-vous pas de ce mets, puisque votre évêque en mange? — Monseigneur, répondit modestement le jeune homme, Votre Grandeur peut avoir des raisons que je n'ai pas. » On rit beaucoup et on apprit à Gabriel, qui n'avait jamais vu de thon, qu'il avait sous les yeux de la chair de poisson. A la suite de cette explication, il s'en servit, pleinement rassuré. « Et même, aimait-il à dire plus tard, en racontant l'incident, le morceau était assez friand. »

A coup sûr, les fonctions de valet de chambre n'étaient guère dans les goûts de Gabriel, car, chez ses parents, il était habitué à se faire servir. Néanmoins, au témoignage de M. Simon Poncet, l'un de ses premiers Frères, il ne laissa pas de s'en acquitter avec beaucoup de zèle, pendant tout le temps qu'il resta au service de Mgr de Chamond.

Toutefois, la pensée de sa vocation le poursuivant continuellement, il forma en lui-même le projet de fonder à Saint-Claude un pieux établissement ; et, quand l'évêque lui demandait s'il était content chez lui : « Oui, Monseigneur, répondait-il, mais j'aimerais encore mieux être religieux. »

Quoiqu'il lui en coûtât de causer de l'ennui aux deux personnes qui l'avaient accueilli avec bonté, le futur fondateur qui s'était d'abord ouvert de son nouveau dessein à M. Girod qu'il avait ensuite prié, mais en vain, de le faire connaître à son vénéré maître, se décide un beau jour à agir par lui-même. Se mettant à genoux devant l'évêque : « Monseigneur, dit-il, je me trouve très honoré d'être au service de Votre Grandeur et serais très content d'y rester ; mais je sens continuellement en moi-même se renouveler l'inclination pour l'état religieux et, depuis longtemps, je désire me consacrer tout entier au Seigneur dans un état saint, par conséquent entrer dans un couvent ou fonder moi-même une maison de religieux. »

Mgr de Chamond, qui était extrêmement prompt et du reste ne s'attendait pas à une telle déclaration, ne donna pas à son interlocuteur le temps de s'expliquer plus longuement. « Comment, mon ami, lui dit-il, il y a à peine trois mois que vous êtes chez moi, et vous voulez déjà me quitter! Ceci n'est pas convenable de votre part. Je ne blâme pas l'intention que vous avez d'entrer en religion, bien loin de là; mais vous devez comprendre combien il est pénible pour moi de changer si souvent de domestique. Néanmoins, si votre vocation s'oppose à ce que vous restiez chez moi, procurez-moi votre successeur, et vous trouverez un protecteur dans la personne de l'évêque de Saint-Claude, qui sera toujours disposé à vous venir en aide par tous les moyens en son pouvoir. »

Gabriel s'occupa aussitôt de chercher un jeune homme pour le remplacer auprès du prélat. François Poncet, qui devait accompagner son cousin chez les Frères des Ecoles chrétiennes, voyant que celui-ci ne donnait pas suite à son projet, s'était rendu seul à Lyon où il avait trouvé une assez bonne place. Sur les instances de Gabriel, il vint prendre ses fonctions à l'évêché de Saint-Claude.

Il était donc proche, le moment marqué pour l'accomplissement du vœu le plus cher au cœur de notre héros. Il vint en faire part à sa famille. De nouvelles objections lui furent faites, de nouveaux efforts furent tentés pour le retenir, mais sollicitations des amis, larmes des parents, tout fut inutile; le temps de se consacrer à Dieu dans la vie religieuse était venu : il demeura inébranlable. Après avoir reçu la bénédiction de son père et de sa mère, il alla se prosterner devant le Saint Tabernacle pour implorer aussi celle de Notre-Seigneur. Il y demeura longtemps, versant un torrent de douces larmes, au souvenir des grâces qu'il avait reçues dans cette chère église et des fonctions qu'il y avait remplies avec tant de bonheur. Ensuite il se mit en devoir de se rendre où la voix de Dieu l'appelait.

DEUXIÈME PARTIE

LES ÉPREUVES

(De 1824 à 1838)

CHAPITRE I

Les débuts d'un Fondateur

*Etablissement à Saint-Claude. — Les premiers disciples.
— La prise d'habit. — Ouverture d'une école. — A la
cathédrale. — Découragement dans la Communauté. —
Le Frère Gabriel abandonné de tous.*

Dès que Gabriel eut repris sa liberté, il s'adonna
tout entier à la formation de son œuvre. Il commença par louer à La Poyat, sur le territoire de
Saint-Claude, une maison avec l'ameublement
nécessaire, pour trois mille francs ; et, avec l'aide
de **M.** Desrumeaux, chanoine de la cathédrale, il
composa des statuts et détermina le costume que
porteraient les membres de sa future Communauté, qu'il plaça sous le vocable de Saint Joseph.
Il s'occupa ensuite de recruter des sujets.

Il s'adressa de préférence à quelques jeunes
gens de sa connaissance dont la conduite régulière

lui était d'un bon augure. Il en eut bientôt réuni cinq. C'étaient : Simon Poncet, de Belleydoux ; François Guichon et Frédéric Perrin, de Haute-Molune ; Claude Grand-Clément, des Bouchoux, et un adolescent, de la Bresse, nommé Joseph, apparenté à la Sœur Désirée. Chacun de ces jeunes gens devait garder, en religion, le nom qu'il avait reçu à son baptême.

Gabriel fit part de son projet à M. Charvin, ancien missionnaire, alors curé des Bouchoux, petit chef-lieu de canton situé dans l'arrondissement de Saint-Claude. Ce saint prêtre dont le zèle était sans bornes et dont la mémoire est encore en bénédiction dans ces montagnes, fut enthousiasmé de cette entreprise. Il en encouragea le promoteur et s'offrit à donner, dans sa paroisse, une retraite aux jeunes aspirants pour les préparer à revêtir le saint habit. Cette retraite eut lieu vers la fin d'octobre 1824 et Mgr l'Evêque de Saint-Claude y envoya comme Directeur M. le chanoine Desrumeaux, qui, en dehors des sermons de l'abbé Charvin, donnait aux futurs Frères, des conférences et des avis appropriés à leur situation. Ce vénérable ecclésiastique fut l'aumônier de la petite Communauté tout le temps de son existence à Saint-Claude.

La clôture de la retraite et la prise de l'habit religieux qu'avait approuvé Mgr de Chamond, eurent lieu un dimanche. Ce costume se composait d'une soutane, d'un chapeau tricorne, d'un rabat blanc, d'une croix portant un Christ, et d'un cordon de laine noire auquel était suspendu un rosaire à gros grains.

L'affluence des étrangers venus à cette cérémonie de Belleydoux, de Haute-Molune et d'autres localités, fut si considérable que, pour le sermon que donna M. Charvin, on dut dresser une estrade en dehors de l'église.

Rien ne pourrait exprimer la joie intime qu'éprouva le Frère Gabriel en ce jour où il s'offrit tout entier en sacrifice au Seigneur. Il aimait à le rappeler plus tard, et c'était toujours avec attendrissement. Dieu, qui se communique aux grandes âmes et ne se laisse jamais vaincre en générosité, l'inonda de consolations et le remplit de la force morale dont il devait bientôt avoir besoin.

Le lendemain de leur vêture, le Frère Gabriel et ses compagnons reprirent la route de Saint-Claude. Cette petite phalange de soldats de la bonne cause réalisa vite, dans les écoles de la ville et dans la sacristie de la cathédrale, le but de son fondateur. Les débuts furent heureux et tout marcha bientôt à la grande satisfaction de l'évêque, de son clergé et de la population. On voyait avec plaisir s'élever une institution dont on appréciait déjà l'utilité pour la religion et pour l'éducation des enfants du peuple. Plus de quatre-vingts élèves avaient quitté l'école mutuelle de la ville pour venir chercher, auprès du Frère Gabriel, le bienfait d'une formation chrétienne.

Quand ses occupations lui en laissaient le loisir, M. l'abbé Girod donnait quelques leçons aux nouveaux maîtres, le Fondateur étant absorbé par la direction des classes, le soin du matériel et l'initiation à la vie religieuse de ses premiers disciples et de deux ou trois postulants venus de la Bresse et de Francine-le-Haut.

Toujours rempli de sympathie et de bonté pour

le Frère Gabriel dont il connaissait la pureté d'intention et l'ardeur pour le bien, Mgr de Chamond donna M. l'abbé Darbon, vicaire général, pour père spirituel à la Congrégation naissante. Malheureusement, ce vénérable ecclésiastique, dont les multiples occupations absorbaient presque tous les instants, ne put s'adonner suffisamment à la tâche dont le prélat l'avait chargé.

Cependant les ressources de la Communauté provenant du produit de l'école et du service de la sacristie étaient insuffisantes, et le peu d'argent qu'avaient pu apporter les postulants s'épuisait ; la gêne commençait à se faire sentir. Le chapitre de la cathédrale ne demandait pas mieux, sans doute, que de confier à la nouvelle association la fonction du chant aux offices et aux sépultures, mais le Frère Gabriel était seul en état de s'en acquitter convenablement.

Les leçons diverses données à ces jeunes gens, qui ne possédaient pour la plupart qu'une faible instruction primaire, ne produisaient pas assez tôt, à leur gré, les résultats qu'ils en attendaient. Ce travail incessant, cette vie sédentaire, d'un côté ; cette sorte de délaissement de la part de M. Darbon et les sollicitations de quelques parents, de l'autre, ébranlèrent la résolution de plusieurs Frères. Ajoutons que la multiplicité de supérieurs ne contribua pas peu à leur découragement ; car outre le Fondateur, ils n'en n'avaient pas moins de quatre : Monseigneur l'Evêque, M. Darbon, M. Desrumeaux et M. Girod.

Le Frère Gabriel, s'apercevant du fléchissement des bonnes dispositions de ses compagnons, s'efforça de remonter leur moral. Il lui était si pénible de voir péricliter cette entreprise entre ses mains, qu'il ne laissa pas de leur présenter toutes les considérations que la raison et la foi purent lui suggérer. Il ne parvint cependant pas à les convaincre. Ces jeunes gens, encore tout novices dans les vertus religieuses, ne prisaient pas assez le choix que Dieu avait fait d'eux et ne se rendaient pas compte des conséquences que pouvait avoir l'abandon de leur vocation. Le départ de quelques-uns entraîna celui des autres et, à la fin de mars 1825, le Frère Gabriel resta seul.

Cette désertion le mit dans l'impossibilité de continuer son œuvre. Quelle déception pour lui ! Combien son cœur dut souffrir ! Peu de mois auparavant, aux Bouchoux, il avait éprouvé quelque chose comme les joies du Thabor ; maintenant, il ressentait les tristesses du Jardin des Oliviers.

Dans cette terrible épreuve, ni la résignation, ni le courage ne firent défaut au Frère Gabriel. Il fut **attristé, humilié,** mais non abattu. Il conserva **cette force** d'âme, cette constance indomptable qu'il avait fait paraître auparavant. Scrutant sa conscience et examinant ses intentions, il reconnut de nouveau l'appel de Dieu et, après s'être avoué, en sa présence, indigne de fonder un institut religieux, à cause de son peu de vertus et de talents, il se dit ces simples paroles : « Si l'entreprise vient de moi, ce sera une œuvre mort-née : mais si elle vient de Dieu, Il saura la soutenir et la faire prospérer. »

Chapitre II

Tentatives de reconstitution

Une mission de confiance. — Triste état d'esprit des paroissiens de Jeurre. — Ascendant du nouvel instituteur. — La soupe répandue. — Une brebis égarée revient à son pasteur. — La maison écroulée. — Départ de Jeurre. — Bref séjour à Courtefontaine. — M. Roland.

L'échec du Frère Gabriel à Saint-Claude ne lui fit rien perdre de l'estime de Mgr de Chamond. Sa Grandeur n'ignorait, ni le zèle qu'il avait déployé dans l'exercice de ses fonctions, ni le bien qu'avaient opéré parmi ses élèves ses touchantes exhortations. Aussi lui manifesta-t-elle une particulière confiance en le chargeant d'une mission fort délicate. Le Curé de Jeurre, petite localité à dix-sept kilomètres de Saint-Claude, venait d'informer son évêque du peu de fruit que produisait son ministère dans le présent et qu'il promettait pour l'avenir. Il attribuait cet insuccès à la présence, dans sa paroisse, d'un prêtre constitutionnel qui en avait été jadis le pasteur. Comme ce dernier jouissait d'une grande confiance auprès des habitants de Jeurre, il était parvenu à leur persuader que leur curé légitime ne leur enseignait pas la vraie doctrine. Ils assistaient aux offices, mais le prêtre s'apprêtait-il à commencer une instruction, tous aussitôt quittaient l'église. Aussi la paroisse était-elle tombée dans l'ignorance religieuse la plus profonde.

Le Frère Gabriel y fut envoyé par Mgr de Cha-

mond en qualité d'instituteur et de catéchiste ; sa
nomination porte la date du 4 avril 1825. Le premier dimanche qui suivit son arrivée, M. le Curé
voulut, après l'évangile de la messe, annoncer à
ses paroissiens que cet étranger venait pour faire la
classe et qu'il les invitait à y envoyer leurs enfants.
Mais à peine se fut-il tourné vers eux pour leur
adresser la parole, qu'ils se levèrent précipitamment, afin de sortir de l'église. Le pasteur aussitôt de leur crier : « Mes frères, mes frères, je ne
veux pas prêcher mais seulement vous apprendre
la qualité de ce Monsieur nouvellement arrivé et
le but de sa venue parmi nous » ; ce qu'il fit
ensuite en peu de mots.

Dès le lendemain, quelques enfants se présentèrent à l'école. Avant de les congédier, à la fin
de la journée, le Frère Gabriel leur rappela l'obligation de la prière du soir et les engagea à la venir
faire avec lui à l'église. Les élèves dont la bonté de
leur nouveau maître avait déjà gagné les cœurs,
acceptèrent cette proposition avec plaisir. En
entrant dans le saint lieu, on donna quelques
coups de cloche, ainsi qu'il avait été concerté
d'avance avec M. le Curé. Un petit groupe de personnes pénétrèrent alors dans la maison de Dieu,
curieuses de voir ce qui allait s'y passer.

La prière achevée, l'instituteur, avec la grâce
qui lui était naturelle, exposa une parabole du
Père Bonaventure et l'expliqua ensuite d'une
manière très touchante. De retour chez eux, les
enfants, enchantés, racontèrent tous les faits de
la journée. De leur côté, les personnes qui avaient
assisté à la prière parcouraient le village en
disant : « Ce n'est pas un maître d'école qu'on nous

a envoyé, c'est un missionnaire ; si vous l'entendiez !... »

Le lendemain le nombre des élèves se trouva augmenté et on compta aussi beaucoup plus d'assistants à la prière du soir. Le Frère Gabriel ne manqua pas d'expliquer encore une parabole. Dès lors, toutes les personnes du village se rendirent chaque jour à l'église, ravies des instructions de l'instituteur. On en rapportait le résumé au prêtre constitutionnel, qui les approuvait et engageait même à les suivre. Le maître d'école se servit ensuite de l'ascendant qu'il avait acquis pour rattacher, par la confiance, les paroissiens à leur pasteur véritable, et il y réussit complètement. Il aimait à citer ce souvenir plutôt plaisant de son séjour à Jeurre.

C'était le soir d'un jour de jeûne : il passait dans le village au moment où la plupart des habitants prenaient la collation devant leurs maisons. Un brave homme, qui mangeait une soupe de farine de maïs, voyant, d'un peu loin, s'avancer l'instituteur, et se rappelant les explications données au catéchisme sur la façon d'observer la pratique du jeûne, voulut éviter d'être trouvé en faute. Dans ce but, il se leva et, tenant son assiette derrière lui, afin d'en dérober la vue à l'arrivant, il salua le maître à son approche ; mais l'assiette, perdant la position horizontale, laissait découler son contenu tout le long du corps du délinquant, ce qui porta un voisin à s'écrier : « Mais que faites-vous donc? » Cette interpellation intempestive fit découvrir le pot aux roses.

Cependant le Frère Gabriel fut rejoint dans ce village par l'un de ses cinq premiers compagnons,

le Frère François Guichon, qui pouvait lui prêter
un utile concours pour un essai de reconstitution
de sa Communauté. Il en forma le dessein dont
il fit part à un nommé François Grillet, dont le
père était déjà fort âgé. Agréant ce projet, François Grillet offrit à l'instituteur une maison sise
à Jeurre, derrière laquelle se trouvait une cour
assez étendue, à la condition expresse qu'il serait
admis dans la Communauté à titre de Frère
convers.

Le 25 mars 1826, le Frère Gabriel faisait commencer les réparations nécessaires pour rendre la
dite maison habitable ; mais, comme ce n'était
qu'une masure, elle ne put supporter les travaux
entrepris ; un éboulement s'y produisit et il fallut
la démolir entièrement.

Le courageux maître d'école se mit à élever une
bâtisse neuve sur le terrain contigu. Quelques
dons lui furent remis à cette fin ; il alla même
quêter à Lyon dans le même but. Les fonds
recueillis s'étant trouvés insuffisants, il lui fallut
abandonner l'entreprise. Néanmoins tous les travaux qui avaient été commandés furent payés,
mais Monseigneur ne put venir en aide à l'infortuné bâtisseur que pour dédommager François
Grillet.

Jusqu'au milieu de l'hiver de 1825, le Frère
Gabriel avait été l'hôte du presbytère. A cette époque, il alla habiter chez une dame Bessonnat où
bientôt il vécut en communauté avec le Frère
François Guichon et quelques postulants, dont
quatre prirent l'habit religieux dans l'église de
Jeurre. L'écroulement de sa vieille maison et son
manque de ressources pour achever la construc-

tion commencée le mirent dans un cruel embarras qu'il confia à Mgr de Chamond. L'évêque de Saint-Claude l'accueillit avec bonté et lui promit un autre asile pour lui et les siens.

Envoyé par Sa Grandeur visiter une maison à Courtefontaine, humble village situé à vingt-sept kilomètres de Dôle, il la trouva très convenable, et, bientôt après, muni des conseils et des instructions du prélat, il s'y transporta avec sa petite Communauté. Il ne perdit pas pour cela le souvenir de Jeurre. Le bon accueil qu'il y avait reçu, la mission dont il y avait été chargé, l'affection que lui avaient vouée ses habitants, les regrets dont il y fut l'objet à son départ, la possibilité qui lui avait été donnée d'y reconstituer sa famille spirituelle : tout était bien propre à graver dans son cœur la mémoire de cette modeste paroisse.

Ce fut le 15 juin 1826 que les Frères de Saint-Joseph s'acheminèrent vers Courtefontaine au nombre de six et emmenant avec eux deux postulants. La maison qu'ils allaient y habiter était un ancien monastère. Une demoiselle très pieuse l'avait cédée à l'évêque diocésain, à la condition qu'il y établirait une Congrégation d'hommes ou de femmes vouée à l'instruction de la jeunesse. Le logis était très convenable, et il possédait une assez belle chapelle. Malheureusement Courtefontaine se trouve dans un endroit isolé où l'on ne pouvait alors se procurer que difficilement les denrées de première nécessité, ce qui était un gros inconvénient pour un établissement.

Aussitôt installés, les nouveaux venus ouvrirent une école, mais, vu la faible population de la commune, les élèves n'étaient pas nombreux, ni la rétribution scolaire bien élevée. L'abbé Roland, le curé de la paroisse, leur aumônier et un peu leur supérieur, avait pour eux un dévouement à toute épreuve, et il secondait le Fondateur de tout son pouvoir. Il venait même donner des leçons aux membres de la Communauté, quand le Frère Gabriel se trouvait empêché de le faire. Une seule chose manquait : les ressources. Il fallait nourrir et entretenir huit personnes, et le chef de la petite colonie n'avait pas apporté de Jeurre un centime. Mgr de Chamond avait bien fait espérer des fonds, mais, malgré les instances de M. Roland, rien ne venait. Le prélat ne pouvait suffire à tout. Le diocèse de Saint-Claude était alors en proie à de pressants besoins auxquels Sa Grandeur devait pourvoir. Le Frère Gabriel en était donc réduit au maigre produit de ses quêtes et aux faibles secours que M. Roland se trouvait en mesure de lui procurer.

Une nouvelle épreuve vint s'ajouter aux précédentes. Monseigneur avait besoin d'un économe pour son Grand Séminaire. Il lui fallait, pour cette fonction, un prêtre conciliant et bon, en même temps que ferme. Il le trouva dans le curé de Courtefontaine, dont le mérite, d'ailleurs, surpassait le poste qu'il occupait. Enlever M. Roland au Fondateur, c'était, dans les circonstances actuelles, le priver de son bras droit. Il le sentit et la plaie que son cœur en reçut ne se cicatrisa pas. Il en conclut que Dieu avait d'autres vues sur lui, que sa position à Courtefontaine ne serait plus tenable et qu'il lui fallait lever sa tente pour la transporter ailleurs. Après en avoir conféré avec l'abbé Roland et avec Monseigneur, il s'arrêta au projet de rentrer dans son diocèse natal. Mais où trouver, dans son propre pays, un pied-à-terre pour lui et les siens? L'évêque de Saint-Claude écrivit à l'abbé Bochard, fondateur et supérieur des Frères de la Croix de Jésus, à Poncin, pour le prier de recevoir les membres de la petite Communauté de Courtefontaine qui voudraient entrer dans sa famille spirituelle. Celui-ci acquiesça volontiers à la demande du prélat, heureux de recruter des jeunes gens qui avaient déjà reçu quelque instruction et des notions au moins élémentaires de vie religieuse.

Les Frères préparèrent donc leur exode. Ils étaient tellement aimés à Courtefontaine, qu'on dut cacher aux habitants le moment de leur départ, qui s'opéra le 15 octobre 1826, avant le jour, les roues des voitures de déménagement ayant été au préalable garnies avec du linge, pour ne point éveiller l'attention.

———————

Chapitre III

Retour dans le diocèse de Belley

A Poncin. — A Châtillon-les-Dombes. — En route pour Lyon. — Le bon rentier. — La bourse inutile. — Injustes appréciations. — Mgr Devie.

Quoique le Frère Gabriel conservât l'intention et l'espoir de fonder une Congrégation religieuse, selon le but qu'il s'était proposé, il ne laissa pas de se rendre à Poncin, où se trouvait, dans le hameau de Ménestrel, la Maison-Mère des Frères de la Croix de Jésus. Ce ne fut pas sans un pénible serrement de cœur qu'il s'éloigna d'un diocèse où il avait été l'objet de la sympathie et de la bienveillance du clergé, particulièrement de l'évêque, qui avait chargé M. Roland de l'accompagner auprès de M. Bochard. Ce véritable ami, qui devait rester fidèle au Frère Gabriel et à sa Congrégation, lui remit entre les mains, en le quittant, une attestation formelle qu'il avait constamment donné à Courtefontaine l'exemple de la piété, de la régularité et de l'application, et qu'il n'avait quitté l'établissement qu'il dirigeait dans cette localité, que pour défaut de ressources pécuniaires.

M. Bochard accueillit les nouveaux venus avec bonté. Il mit au nombre des novices les cinq disciples que lui amenait le Frère Gabriel, lui fit prendre rang à lui-même parmi les dignitaires de sa Congrégation, lui octroyant même la faveur de l'admettre à sa table.

Dès le second jour, le Fondateur de la Sainte-Famille déclara franchement au Supérieur de La Croix que, cette société ne se chargeant pas du service des églises, elle ne répondait pas à ses propres vues ; que, par suite, il conservait le dessein d'en former une dont les membres s'adonnassent à cette fonction, et qu'il gardait le sentiment de sa mission et la foi dans le succès de son œuvre. M. Bochard, avec son assistant, M. Corsain, essayèrent de le dissuader. Il ne leur semblait pas choisi de Dieu pour cette fin, surtout après les échecs qu'il venait d'éprouver, et ils ne lui trouvaient pas la capacité nécessaire pour mener à bien une telle entreprise. Toutefois, comme ils avaient actuellement besoin d'un aide pour seconder le Frère Directeur de l'établissement que possédait leur Institut à Châtillon-les-Dombes, ils l'engagèrent à accepter ce poste.

Le Frère Gabriel, pour les obliger, consentit à s'y rendre, mais non sans manifester de nouveau son intention de ne pas rester à la Croix de Jésus. Il était depuis quelques mois à peine à Châtillon, lorsque M. Corsain vint lui proposer, de la part de son Supérieur, de s'engager dans leur Congrégation. Cette proposition, accompagnée d'instances, précipita son départ. Il déclara à M. Corsain qu'il allait se retirer. Tout ce qu'on put lui dire pour lui faire changer de sentiment fut inutile.

Son départ s'effectua vers la mi-février 1827. Il n'avait pas le moindre argent, mais il se confiait en Dieu. Un Frère de la maison de Châtillon avait voulu se joindre à lui, pour s'associer à ses desseins. Ils s'acheminèrent vers Lyon.

Quand son compagnon, sous l'action de la faim et de la fatigue, se décourageait, le Fondateur ranimait sa foi en la Providence. De fait, ils trouvèrent en cours de route l'assistance dont ils avaient besoin, et, à Lyon, Notre-Dame de Fourvière, aux pieds de laquelle ils ne manquèrent pas d'aller s'agenouiller dès leur arrivée, inspira à un honnête rentier, mis au courant de leur situation, la charitable détermination de les hospitaliser chez lui, durant les trois ou quatre jours qu'ils passèrent dans la grande ville. Pendant le repas qui précéda leur départ, la domestique de la maison leur fit présent d'une bourse, et, sur l'observation de son maître que c'était là, pour les voyageurs, un objet bien inutile, puisqu'ils n'avaient rien à y mettre. « Monsieur, dit-elle, je donne la bourse, c'est à vous de fournir l'argent à y loger. » Ce qui fut dit, fut fait sur-le-champ ; le maître s'exécuta de bonne grâce.

Leur dévotion satisfaite par la visite des principaux sanctuaires lyonnais, nos voyageurs se séparèrent. Tandis que l'ex-Frère de la Croix cherchait ailleurs sa destinée, le Frère Gabriel, tout préoccupé de réaliser son œuvre, rentrait dans le diocèse de Belley.

Son départ de Châtillon ne modifia pas les idées de M. Bochard et de M. Corsain, rendus quelque peu injustes à son égard par l'appréhension que son exemple n'entraînât la défection de quelques-uns des sujets venus de Courtefontaine. Ils le regardaient comme un entêté, réfractaire à l'obéissance, un orgueilleux, un extravagant, et ils prédisaient que jamais il ne parviendrait à poser solidement la première pierre de sa Congrégation. Telles ne furent pas les appréciations des évêques de Saint-Claude et de Belley ainsi que de leur clergé. Ces censeurs injustes ont dû, d'ailleurs, reconnaître leur erreur. Un peu plus d'attention aux voies de la Providence dans l'exécution de ses desseins les eût rendus plus réservés dans leurs jugements. Est-ce que Dieu, bien souvent, pour éprouver leur foi et leur persévérance, n'a pas permis que des fondateurs d'Instituts connussent plus ou moins longtemps les humiliations, les déceptions et les insuccès? Quant au bon Frère Gabriel, on ne lui a jamais entendu articuler le moindre blâme con-

tre les vénérables supérieurs des Frères de la
Croix ; on conserve au contraire une lettre adressée à M. Mermet, maire de Belleydoux, où il fait
l'éloge de ces messieurs.

En quittant Lyon, le Fondateur de la Sainte
Famille se rendit auprès de M. l'abbé Charvet, qui
avait été transféré de la cure de Belleydoux à celle
de Brénod. Son ancien pasteur l'accueillit, comme
toujours, avec bonté, et lui conseilla de voir l'évêque du diocèse, Mgr Devie. Cet illustre prélat a
joué dans les destinées du Frère Gabriel et de son
Institut un rôle trop important pour que nous ne
nous croyions pas obligé de placer ici son portrait, tracé d'une plume fidèle par l'auteur de la
vie du T. R. P. Colin, fondateur des Maristes.

« Mgr Devie était un de ces types que nous
offre l'ancien clergé de France ; ou, pour mieux
dire, une de ces figures vénérables qui rappellent
les pontifes des premiers siècles de l'Eglise. La
gravité, en lui, était unie à une bonté toute paternelle ; la fermeté, qui était l'effet d'une volonté
parfaitement arrêtée dans ses desseins, savait s'allier à une douceur pleine d'affabilité et à une éga-
lité d'âme, qui ne connaissait ni l'emportement
ni la défaillance. Il portait aussi loin que possible
l'amour de l'étude ; en voiture, dans ses voyages,
il vaquait à la lecture, à la composition, à la correspondance, comme dans son palais. Son esprit,
qui s'adonnait de préférence aux sciences ecclésiastiques, ne demeurait étranger à rien de ce que
doivent savoir un prêtre et un évêque. Sur tous
les points qui intéressent la vie ou le ministère
ecclésiastiques, il a écrit et laissé des instructions
où éclatent la profonde sagesse de son adminis-

tration, aussi bien que l'étendue et la variété de ses connaissances.

« En un mot, par sa vie laborieuse et toute consacrée aux intérêts de son diocèse ; par son intelligence, sa science, sa prudence, Mgr Devie était un de ces évêques puissants en paroles et en œuvres que Dieu donne à son Eglise pour un dessein de sa miséricorde et qui laissent dans l'admiration et la reconnaissance de leur diocèse des traces ineffaçables.

« En arrivant dans son diocèse, qui n'avait pas eu d'évêque depuis la grande Révolution, et qui offrait à ses regards toutes les ruines et toutes les misères qu'un tel passé y avait accumulées, il lui apportait les ressources d'une sagesse consommée et d'un dévouement sans bornes. Pendant son long épiscopat de plus de trente ans, rien ne put le distraire de l'œuvre de restauration que Dieu lui avait confiée. A toutes les offres de sièges archiépiscopaux qui lui furent faites, il répondit par des refus absolus. Il s'éleva et se soutint constamment à la hauteur de sa tâche, joignant la prière aux efforts et aux industries de son zèle. Ce qu'il n'obtenait pas du premier coup, il l'obtenait à la longue, grâce à une patience infatigable. Les oppositions qui se dressaient contre ses desseins ne résistaient pas longtemps à ses procédés prévenants et habiles.

« Dans cette œuvre de réorganisation de son diocèse, les premiers soins de Mgr Devie, on le comprend, se portèrent sur le clergé. Il établit deux Petits Séminaires pour recueillir et former les enfants qui présentaient des signes de vocation ecclésiastique et un Grand Séminaire où ces jeunes gens subissaient la dernière épreuve et complétaient leur éducation sacerdotale. Après le clergé séculier, Mgr Devie s'attacha à fonder et à multiplier, dans son diocèse, les Communautés religieuses où les âmes d'élite trouvent la perfection dont le Ciel leur inspire le désir, et attirent autour d'elles les bénédictions célestes. Il fonda à Bourg une Maison-Mère des Sœurs de Saint-Joseph, qui devint la source de fondations innombrables dans les autres villes et les paroisses du diocèse. Il encouragea et aida puissamment, à Belley même, la fondation des Frères de la Sainte-Famille. Ces maisons religieuses lui fournissaient un personnel choisi d'instituteurs et d'institutrices, pour l'instruction et l'éducation chrétienne de l'enfance »[1].

———

Chapitre IV

Nouvelles pérégrinations

Première entrevue avec Mgr Devie. — Le Frère Gabriel remplit les fonctions de missionnaire et d'instituteur. — Son passage à Brenod. — Une visite à Champdor. — École et pensionnat à Hauteville. — Écrasante besogne. — Leçons de civilité. — Une prise d'habit à Mazières. — Installation à Belmont. — Chassé par la Révolution, le Fondateur se réfugie à Champdor. — En danger.

Suivant le sage avis de M. l'abbé Charvet, le Frère Gabriel se rendit à Belley pour y voir son

---

[1] *Le T. R. Père Colin, fondateur et premier Supérieur de la Société de Marie,* par un religieux de la même Société. — Lyon, Imprimerie Emmanuel Vitte, 1900.

évêque. Ayant appris au palais épiscopal que le prélat était parti en tournée pastorale, il se porta à sa recherche et le rencontra au presbytère de Genay, dans le canton de Trévoux. Cette première entrevue, qui eut lieu le 25 février 1827, fut touchante. Le Fondateur ne laissa rien ignorer à son premier Pasteur de ses aspirations, de ses espérances et de ses douloureuses déceptions, pas plus que du courage dont, malgré tout, il demeurait animé. Sa Grandeur accueillit parfaitement le Frère Gabriel. En bon père, il l'encouragea et lui promit sa protection ; mais en même temps, en maître éclairé, il l'avertit qu'il rencontrerait encore bien des épreuves. Fortifié par les excellentes paroles du vénéré prélat, et soumis d'avance aux souffrances qui lui étaient annoncées, le Fondateur comprit que si le but qu'il poursuivait était encore éloigné, il finirait cependant par être atteint. Dès ce moment, il se mit à la disposition de Sa Grandeur, pour se rendre partout où elle jugerait bon de l'envoyer. Il retira de cette rencontre avec son évêque cet amour, ce respect, cette vénération, cette confiance qui ne lui firent jamais défaut dans toutes les épreuves auxquelles il plut au prélat de le soumettre.

Le même jour, Mgr Devie chargeait M. le Curé de Brenod de placer le Frère Gabriel, en qualité d'instituteur dans son canton. A cette époque, la lettre de l'évêque tenait lieu de nomination provisoire. M. Charvet retint quelque temps auprès de lui son ancien paroissien, pour catéchiser les enfants de Brenod et les préparer à la première communion.

D'autres paroisses bénéficièrent, la même année,

des effets de son zèle. Le Frère Gabriel quitta M. Charvet vers la fin d'août et se rendit auprès de M. l'abbé Gâche, curé de Champdor, amenant avec lui trois aspirants auxquels il fit revêtir l'habit religieux. Il était depuis longtemps en relation avec ce prêtre qui devait être plus tard curé de Belmont et fut l'un des vrais soutiens de la Sainte-Famille. C'est alors qu'il fit la connaissance du Baron de Champdor, que nous retrouverons plus loin.

Cependant le Curé et le Maire d'Hauteville, témoins du zèle que le Frère Gabriel avait déployé dans une retraite qu'il y avait donnée une semaine après Pâques, désiraient l'avoir pour instituteur. Leur demande fut favorablement accueillie par Mgr Devie, qui le nomma à Hauteville le 30 octobre 1827. A peine l'école était-elle ouverte, au lendemain de la Toussaint, avec le concours d'un Frère amené de Champdor, en qualité d'adjoint, que les élèves y affluèrent. Après avoir, de son mieux, instruit du catéchisme et de la doctrine chrétienne les enfants en âge de faire la première communion, le nouvel instituteur reçut de M. le Curé la mission de les préparer d'une manière immédiate à ce grand acte de la vie chrétienne, ministère pour lequel, ainsi que nous aurons l'occasion de le redire, il réussissait à merveille.

La réputation du Frère Gabriel grandissait dans ces contrées et son aptitude pour l'enseignement ne laissait aucun doute. Il y avait à peine un an qu'il était à Hauteville, que plusieurs pères de famille des communes environnantes le pressaient de recevoir leurs enfants comme pensionnaires. Il se détermina donc à ouvrir un pensionnat.

La demande qu'il en fit à l'autorité compétente, fortement appuyée par le Maire et le Curé d'Hauteville ayant été agréée, il eut bientôt soixante pensionnaires. Outre la classe, il faisait la cuisine et même, croit-on, le pain. Quelques-uns de ses élèves cependant l'assistaient dans les divers offices manuels de la maison, comme aussi ils remplissaient l'emploi de moniteurs, notamment le novice qu'il avait amené de Champdor. A cette besogne excessive, il faut ajouter le catéchisme qu'il allait faire, à peu près chaque jour, à l'église de la paroisse.

On comprend difficilement qu'un seul homme ait pu suffire à une telle besogne. Toutefois, au moins vers la fin, l'ancienne domestique de sa famille, Jeanne, vint le rejoindre à Hauteville et le suivit à Belmont.

Déjà à cette époque, l'excellent éducateur formait ses élèves à la civilité, aux convenances et à la bonne tenue, non seulement en leur en donnant des leçons orales, mais encore en les exerçant, par de fréquentes répétitions, à la façon correcte de saluer, de causer, de recevoir ou rendre les visites, de prendre les repas, ce qu'il continua de faire ailleurs.

Sur le territoire d'Hauteville, en un lieu appelé Mazières, s'élève une pieuse chapelle que le Frère Gabriel aimait à visiter. Il y avait conduit en pèlerinage les enfants de Brenod au lendemain de leur première communion. Ce fut là encore que quelques-uns de ses aspirants prirent le saint habit.

Malgré ses succès scolaires, notre héros n'était pas plus heureux à Hauteville qu'il ne l'était à Belleydoux en 1824. Nul être ne peut jouir de la

paix en dehors de son élément ; or, son élément
à lui, était la vie religieuse vers laquelle il se sentait toujours invinciblement attiré. Aussi s'occu-
pait-il, dans ses courts moments libres, à revoir
et à retoucher les statuts qu'il avait jadis rédigés
à Saint-Claude.

Pour répondre à l'appel divin, il résolut de quitter Hauteville et de chercher ailleurs une habitation convenable pour un Noviciat et qui pût être
agrandie au besoin. Ce fut dans le Valromey (vallis
romana), à Belmont, commune du canton de
Virieu-le-Grand, qu'il rencontra et acquit, pour la
somme de six mille francs, la maison de ses rêves.
Entourée d'un clos et placée sur un petit plateau
qui permettait d'y jouir d'un air pur et d'une belle
vue, à proximité de l'église et en face du château
de la famille de Lauzière, cette demeure était
vraiment, suivant l'expression du Fondateur lui-
même, un « paradis terrestre ». De longues années
encore après qu'elle fût passée en d'autres mains,
elle portait toujours l'inscription qu'il y avait fait
peindre : « *Etablissement religieux des Frères de
la Sainte-Famille* ».

En arrivant à Belmont, le 4 novembre 1829,
le Frère Gabriel y rencontra de chaudes sympathies, et dans le pasteur de la paroisse qui fut
pour lui ce qu'avait été l'abbé Roland à Courtefontaine, s'offrant même à l'aider de sa bourse, et
dans les habitants du château, dont il reçut de
nombreuses preuves de véritable dévouement.

En attendant que des novices vinssent occuper
le local qui leur était destiné, le Fondateur, nanti
des autorisations nécessaires, exerça les fonctions
d'instituteur et de maître de pension. Les élèves

ne tardèrent point à abonder, au point que la maison devint insuffisante.

Un jeune homme, nommé Favier, l'un, semble-t-il, de ceux qui avaient revêtu l'habit religieux à Mazières, aidait le Frère Gabriel à faire la classe et le suppléait même quand il lui arrivait de s'absenter, par intervalles, pour aller assister les curés qui réclamaient son concours, par exemple, à l'occasion des premières communions et des exercices du jubilé. Toutefois cet adjoint lui donna si peu de satisfaction, qu'il se vit contraint de lui signifier son congé en mai 1830.

Lorsque, au mois de juillet suivant, la Révolution eut éclaté, le clergé paraissait menacé d'une nouvelle persécution et les Communautés existantes craignaient d'être supprimées. Le temps ne paraissait guère propice pour former une maison religieuse. Les quelques novices qu'il avait réunis autour de lui s'étant retirés, sur le conseil de Mgr Devie, le futur Fondateur ferma son établissement. Laissant seule à Belmont Jeanne, sa fidèle domestique, il se rendit à Champdor où il était heureux de retrouver l'excellent abbé Gâche, afin de remplir au château les fonctions de régisseur que lui avait spontanément offertes M. le Baron.

Beaux appartements, bonne table, besogne facile, gros émoluments avec promesse de largesses plus grandes encore dans l'avenir, instances réitérées ; rien de tout cela ne fut capable de le fixer dans sa nouvelle situation. Dès que l'orage politique fut apaisé, il annonça son prochain départ à M. de Champdor, qui en éprouva une vive contrariété, ce qui pourtant ne l'empêcha pas de continuer à entretenir de bons rapports avec son intendant d'occasion, le chargeant même de veiller sur les propriétés qu'il possédait à Belmont.

Vers cette époque, le Frère Gabriel courut un grave péril. Surpris en voyage par la nuit, il essuya un coup de pistolet de la part d'un malandrin qui, fort heureusement, manqua son but. Se retournant alors vivement vers son agresseur qui se mit à trembler et à faire des excuses, notre voyageur, après l'avoir saisi au collet, lui adressa une sévère semonce et continua tranquillement sa route.

———

Chapitre V

La réoccupation de la maison de Belmont

Réouverture de l'école et du pensionnat. — Dispositions hostiles de la municipalité et du curé. — Favier reparaît. — Le Frère Gabriel quêteur. — Le fou assassin. — — Projet de fusion avec les Frères de Saint-Viateur. — La chapelle du pensionnat.

Rentré à Belmont, le Frère Gabriel, avec l'aide d'un certain Richard qui fit la classe pendant l'hiver, ne s'était pas contenté de reprendre l'école, il avait, de plus, rouvert son pensionnat. Cet établissement fut formellement autorisé par le Conseil royal et approuvé par le ministre de l'Instruction publique et des Cultes à la date du 26 novembre 1830, et l'Académie de Lyon en avait visé officiellement le Règlement, dont nous extrayons ces édifiantes lignes qui n'ont pas besoin de commentaire :

MAISON DE BELMONT (CÔTÉ NORD)

MAISON DE BELMONT (AU LEVANT)

« Cette maison est dirigée par des Instituteurs uniquement consacrés par état à l'éducation de la jeunesse. Ils adressent aux pères et aux mères cette touchante invitation du Sauveur du monde : « *Laissez venir à moi les petits enfants* » que le Seigneur vous a donnés, pour en faire de parfaits chrétiens, et les rendre ainsi des hommes précieux pour la religion et la société. »

Les élèves vinrent nombreux ; mais cette affluence même mit à la gêne le Fondateur placé, après la tourmente, dans des conditions moins favorables que lors de son premier séjour. Il avait dû, en effet, vendre la moitié de sa maison, probablement pour solder le prix qu'elle lui avait coûté, le bon curé qui lui avait promis de lui venir en aide n'ayant pu tenir sa parole, par suite de revers de fortune. Par le fait, le local restant se trouvait trop exigu.

De plus, une nouvelle municipalité et un nouveau pasteur présidaient aux destinées de Belmont, mais ils ne possédaient pas, à l'égard du Frère Gabriel, la bienveillance des autorités qu'ils remplaçaient. Aussi quand ce dernier, par une lettre du 22 mai 1832, réclama la jouissance des locaux et des droits afférents à la charge d'instituteur communal, dont il restait le titulaire légal, personne n'ayant été nommé à ce poste, pendant son éloignement momentané, l'administration municipale, *à l'instigation du curé*, l'abbé Bosson, repoussa sa requête, l'informant en même temps qu'elle avait fait choix d'un autre maître d'école. Or, ce nouvel élu était précisément le Favier que le Frère avait dû congédier.

On comprend combien celui-ci dut souffrir

d'une telle indélicatesse de la part soit du Conseil communal qui avait fait cette nomination, soit de Favier qui l'avait acceptée, soit du pasteur qui l'avait suggérée.

Dieu, toutefois, ne laissera pas impunie l'injure gratuite infligée à son humble serviteur. Le nouvel instituteur sera obligé de quitter Belmont au bout de dix-huit mois, criblé de dettes, et Mgr Devie n'attendra pas même ce temps pour assigner à l'abbé Bosson une autre destination.

Le prêtre que choisit le prélat pour remplacer le partant fut l'abbé Gâche, curé de Champdor, qui était et qui resta l'ami intime et le sûr appui du Frère Gabriel. Pendant les absences que celui-ci était obligé de faire, il lui prêtait le concours de sa vigilance et de son autorité. Survenait-il quelque infraction à la discipline soit parmi les pensionnaires, soit parmi les postulants, il se chargeait de la réprimande, et il avait un tel ascendant sur cette jeunesse que tout rentrait aussitôt dans l'ordre. Il voulut bien continuer ainsi jusqu'au jour où le Fondateur put avoir des auxiliaires sérieux pour le remplacer. Plus tard, on offrit à l'abbé Gâche des postes plus importants ; il les refusa, préférant rester à Belmont, où il mourut entouré de l'estime et de l'affection de ses paroissiens.

Jusque-là, le Frère Gabriel n'avait recruté que peu d'aspirants à la vie religieuse pour les associer à ses travaux, et il n'en avait trouvé aucun qui apportât quelques secours pour payer sa pension du noviciat. La plupart d'entre eux montraient bientôt qu'ils n'avaient pas de vocation et se retiraient.

Pour subvenir à l'entretien de ces jeunes gens, il faisait des quêtes à Lyon, toujours muni d'une lettre de Mgr Devie, dans laquelle Sa Grandeur exposait le but et les besoins de la Congrégation en formation et la recommandait à la charité des fidèles.

Ces tournées constituaient pour le Fondateur une nécessité bien fâcheuse ; d'abord parce qu'elles l'obligeaient à des absences durant lesquelles sa maison demeurait confiée à des mains peu expérimentées, ensuite parce qu'elles étaient extrêmement pénibles. Il lui fallait, en effet, passer des journées à escalader des immeubles jusqu'au cinquième et au sixième étage, essuyer des refus humiliants, être en butte aux tracasseries de la police. Un jour un commissaire, en entendant ses explications, lui dit : « J'approuve le but que vous vous proposez et je veux contribuer à cette œuvre ; mais je ne puis vous laisser continuer vos quêtes. » Et, en même temps, il lui glissait dix francs dans la main.

Avant de se présenter à une porte, il s'agenouillait sur le palier et priait Dieu et les anges gardiens de ceux auxquels il allait s'adresser, de les disposer à lui faire la charité. Rarement il était éconduit, même par les protestants et les juifs, car il se présentait chez tous indistinctement, sans savoir à quelle religion on appartenait. Ses moments libres, il les passait dans les églises où il lui est arrivé de prolonger durant deux. et même trois heures, sa prière. Un jour, en entrant dans l'église, croit-on, de la Charité, il aperçut un individu agenouillé sur le pavé, vers le milieu de la nef, complètement immobile et profondément absorbé. Quand, au bout de plus d'une heure, le Frère sortit, il fut accosté dehors par cette sorte d'extatique qui lui demanda où il logeait. L'ayant conduit dans sa chambre et interrogé sur sa personne, il n'en obtint que des réponses d'illuminé et de déséquilibré. Il lui enjoignit alors de sortir et le poussa vers la porte en lui touchant le bras. Or ce geste, assez vif, détermina la chute d'un poignard sur le plancher. Comprenant par là qu'il a affaire à un assassin, le Frère Gabriel appelle aussitôt au secours. Mais déjà le misérable avait ramassé son arme et s'était éclipsé avec la rapidité de l'éclair.

Le Fondateur continua jusqu'en 1836 ou 1837 à aller de porte en porte solliciter des aumônes pour entretenir son œuvre ; mais vers cette époque la police interdit, à Lyon, toute quête non autorisée par l'administration. Dès lors la Providence, toujours si admirable, envoya au Noviciat des postulants qui payèrent leur pension et apportèrent des ressources à la maison, au lieu de lui être à charge.

Cependant la moitié de l'immeuble conservée par le Frère Gabriel sur l'acquisition primitive ne suffisait plus au personnel. Il racheta donc l'autre moitié, non sans avoir fait auparavant une nouvelle demande, qui fut repoussée comme la première, de redevenir instituteur public à Belmont et d'occuper, à ce titre, les locaux de la commune. C'était un mois seulement avant le départ de Favier.

Au mois de décembre 1833, il fut question de fusionner la Sainte-Famille avec les Clercs de Saint-Viateur, récemment fondés à Vourles, près de Lyon, par M. Querbes, curé de cette paroisse. Dans ce but, M. Querbes vint à Belmont, puis accompagné du Frère Gabriel, se rendit auprès de Mgr Devie. Après différents pourparlers, l'affaire paraissait en bonne voie. Le 15 mars 1834, le Frère Gabriel, avec l'un de ses novices nommé Richard, partait de son côté pour Vourles, afin d'y étudier sur place l'Institut lyonnais. Pendant ce temps-là, un Frère de Saint-Viateur, M. Magaud, le remplaçait à la tête de la maison de Belmont. Ce dernier n'ayant pas réussi dans sa tâche, pour éviter l'écroulement de l'œuvre, le Fondateur fut rappelé d'urgence par M. Gâche auprès des siens, ce qui très probablement contribua à faire échouer le projet de fusion. A Vourles comme partout, le Frère Gabriel avait été pour tous un sujet de grande édification, ainsi qu'en ont témoigné par écrit, et M. Querbes, et l'un des membres de sa Communauté.

Le retour du père de famille parmi ses enfants y ramena l'ordre quelque temps troublé. Pour le consolider, voulant obvier aux graves inconvénients qui résultaient du mélange des pensionnaires et des postulants avec les jeunes gens de la paroisse, le Frère Gabriel obtint de l'évêché, le 18 mai 1834, l'autorisation d'ouvrir dans sa maison une chapelle avec, pour aumônier, un prêtre âgé, retiré du ministère, M. l'abbé Jeannet. M. Gâche la bénit et y célébra pour la première fois les saints mystères en présence d'un assez grand nombre de fidèles. On se figurerait difficilement le bonheur qu'éprouva en ce jour le vénéré Fondateur qui voyait dans cette précieuse faveur un gage de l'assistance divine et une promesse de réussite dans son entreprise. Le nouvel oratoire fut, le 12 juin suivant, le théâtre de la première communion de six pensionnaires.

Jusqu'en novembre, Monseigneur avait exigé que la Communauté continuât d'assister, le dimanche, aux offices dans l'église paroissiale ; à partir de cette époque, Sa Grandeur permit de les suivre dans la chapelle de l'établissement. Affranchie, par cette mesure, des causes de dissipation inhérente aux allées et venues à travers les rues du village, la Communauté prit dès lors un esprit plus recueilli et plus religieux. Le modeste sanctuaire s'enrichit encore d'autres privilèges. Le Chemin de la Croix y fut érigé à la fin de 1834 et, quelques mois plus tard, permission était donnée d'y garder la Sainte Réserve et d'y donner la bénédiction du Très Saint Sacrement. Ces dernières faveurs comblèrent de joie le pieux Fondateur. Possédant désormais sous son toit le Dieu de toute consolation, avec quel amour il allait le visiter, avec quelle filiale confiance il allait lui exposer ses peines, ses désirs, ses propres besoins spirituels et temporels et ceux de ses enfants !

Chapitre VI

Aube de jours meilleurs

*Coup d'œil rétrospectif. — Favorables dispositions de
Mgr Devie. — La visite épiscopale. — Lettre paternelle
du prélat. — Sérieux progrès de l'œuvre. — Les Frères
à la cathédrale de Belley. — Idée de fusion avec les Petits-
Frères de Marie.*

Nous voici en 1835. C'est la onzième année
depuis que le Frère Gabriel a pris l'habit religieux
aux Bouchoux, la neuvième depuis qu'il a quitté
le diocèse de Saint-Claude, la sixième depuis qu'il
est venu s'installer à Belmont, et cependant il n'a
pu encore ni établir sa Congrégation d'une manière durable, ni former aucun établissement au
dehors. Il a fait le bien dans tous les endroits où
il a porté ses pas, il s'est dépensé au service de
la jeunesse, soit en l'instruisant, soit en la caté-
chisant, et de partout, il est sorti, comme un vaillant soldat, avec les plus beaux états de service.
Il a reçu sans doute bien des blessures, mais son
âme forte les a patiemment supportées et promp-
tement cicatrisées. Toujours plein de courage,
toujours confiant en la divine Providence, toujours rempli de foi en sa mission, il s'est relevé
semblable à l'athlète qu'un obstacle a fait un instant trébucher. Qui donc, en butte aux échecs,
aux déboires, aux épreuves de toutes sortes qu'il
a subis, n'aurait senti sa constance faiblir ? Qui,
en présence du délaissement auquel semblait vouloir le condamner Mgr Devie (bien que Sa Gran-

deur n'ait pas cessé de l'aimer), et en face du mauvais œil dont le regardaient un certain nombre de membres du clergé, en raison de son habit identique au costume ecclésiastique, n'aurait fini par croire chimérique l'entreprise poursuivie ?

A sa rentrée dans le diocèse de Belley, le Fondateur avait placé sa Congrégation, primitivement consacrée au seul saint Joseph, sous les auspices et le vocable de la Sainte Famille tout entière. Or, il n'ignorait pas que ses célestes Patrons avaient autrefois vécu humbles, cachés, soumis, persécutés, jusqu'à ce qu'il plût à Dieu de les manifester au monde. A l'exemple de cette Trinité de la terre, il s'est soumis et résigné.

Or, le moment est arrivé où son œuvre, jusquelà à l'état de germe, va croître et se développer, pour la consolation de celui qui a si longtemps semé dans les larmes.

Bien que, dans sa première rencontre à Genay avec le Frère Gabriel, Mgr Devie l'eut paternellement accueilli et assuré de sa protection, avant de lui venir en aide d'une manière efficace et d'embrasser ostensiblement sa cause, il attendait d'avoir des indices, des desseins de Dieu sur son serviteur. Or celui-ci à cette époque était jeune et ne possédait pas encore cette maturité ni cette expérience des personnes et des choses qu'apportent les années et qui sont nécessaires pour diriger une entreprise telle que la sienne. Neuf ans s'étaient écoulés depuis lors, et Sa Grandeur, tout en approuvant les essais du Fondateur, ne lui avait pas encore donné ce patronage efficace, cette protection ouverte que réclamait son œuvre. Ce dernier en souffrait, mais il avait trop de délicatesse pour le laisser voir. Sans doute il comprenait que la nomination à la cure de Belmont de l'abbé Gâche, cet ami si complètement dévoué, était déjà un gage des favorables intentions de Monseigneur à son endroit, mais il éprouvait le besoin d'une bienveillance encore plus marquée de la part du prélat. Elle ne lui fit pas défaut.

L'évêque de Belley n'avait pas encore visité la Communauté de Belmont, il désirait néanmoins la voir, afin de se rendre compte par lui-même de l'espoir qu'il pouvait fonder sur l'Institut en formation. Cet heureux événement s'accomplit le 5 juillet 1835. Dans son compliment de circonstance, le Supérieur trouva moyen de glisser cette pensée délicate : « Vous êtes, Monseigneur, le père et le soutien de notre petite Congrégation ; recevez donc la clef de cet asile de paix. » Le prélat se retira satisfait, et du Frère Gabriel, et de tout ce qu'il avait vu.

Ce fut vraisemblablement sous l'empire de cette heureuse impression que Sa Grandeur adressa quelques mois plus tard cette lettre à son pieux diocésain : « Mon enfant, jusqu'à présent je vous ai peu aidé ; vous avez travaillé presque seul. Je voulais voir si vous vous décourageriez et si votre dessein venait vraiment de Dieu. Il me semble que je n'en puis maintenant douter. Prenez donc courage, travaillez, continuez votre œuvre. Désormais votre évêque vous aidera davantage. » Réconforté par ces bonnes paroles, dont il ne manqua pas de remercier le prélat, le Frère Gabriel ne douta pas que sa petite Communauté ne prît bientôt de l'accroissement. Son espérance ne fut pas déçue.

Quand Dieu impose une fondation, Il suscite

les ouvriers nécessaires. Ceux de la première heure, Il les doue d'aptitudes multiples, d'activité, de constance, d'une foi généreuse qui croît avec les épreuves et s'alimente de sacrifices. Il les pénètre de l'esprit propre de l'œuvre, d'où sortira le caractère spécifique de la nouvelle famille. Il leur donne la sagesse, la tendresse et le dévouement. Prêts à tout, ils obéissent aussi bien qu'ils commandent, et on les voit se multiplier partout où se présente une difficulté à surmonter ou un péril à conjurer. Tels ont été un assez grand nombre des aînés de l'Institut de la Sainte-Famille, notamment le Frère Jean, qui inaugura cette pléiade de saints religieux, et les Frères Charles, Pierre-Jérôme, Lucien, Maurice, Siméon.

Une cérémonie de prise d'habit put avoir lieu le 23 avril 1835 et, le 6 mai suivant, le Frère Gabriel savoura la consolation de former le premier établissement extérieur de son association en faveur de la cathédrale de Belley. Deux Frères allèrent y remplir l'emploi de sacristains, qui constitue l'un des buts de la Sainte-Famille. A Belmont, le Fondateur en personne donna aux enfants de la paroisse les exercices de la retraite préparatoire à la première communion.

La Congrégation nouvelle n'avait pas reçu l'approbation du Gouvernement, et on ne pouvait guère espérer qu'elle l'obtint de sitôt. Il s'ensuivait que, non seulement ses membres pouvaient être appelés sous les drapeaux, mais que l'Institut était exposé à se voir dissoudre d'un moment à l'autre. Dans le but d'obvier à ce double inconvénient, Mgr Devie engagea le Frère Gabriel à réunir son Institut à celui des Petits-Frères de

Marie, fondés par le Père Champagnat, mariste, lesquels étaient légalement reconnus, par suite de leur fusion avec la Congrégation des Frères de Saint-Paul-Trois-Châteaux, officiellement autorisés. Le Fondateur s'excusa respectueusement de ne pouvoir entrer, sur ce point, dans les vues de Sa Grandeur, alléguant principalement que sa vive et profonde inclination, datant de son enfance et toujours persévérant, en dépit de tant de difficultés et de contradictions rencontrées, approuvée et encouragée d'ailleurs par ses confesseurs hommes de doctrine et de piété, le portait à se dévouer à une œuvre ayant pour buts, en même temps, le catéchisme, l'instruction des enfants et le service des églises, et par conséquent différente de celle des Petits-Frères de Marie. Il s'en remettait toutefois à la décision de son évêque et se déclarait prêt à se soumettre à ses volontés, quelles qu'elles fussent. Sa Grandeur n'insista pas.

Chapitre VII

L'horizon s'éclaire de plus en plus

Un pseudo-postulant. — La lettre révélatrice. — Heureuse conclusion. — Une sonnerie de baptême. — Divers sujets de contrariété. — Testament du Frère Gabriel. — Deux vivacités en présence. — Fondations nouvelles. — Mort de Mme Taborin. — Etat financier de l'Institut.

Au cours de l'année 1835, un jeune Savoyard. du nom de Jean Charrière, se présentait à Belmont, apparemment pour devenir novice de la

Sainte-Famille, en réalité pour se faire instruire
et former par le Frère Gabriel, dont la capacité
pédagogique était déjà renommée, puis, dûment
stylé, retourner vers un prêtre du diocèse d'Annecy, l'abbé Picolet, sous lequel il avait déjà ensei-
gné, afin de l'aider à créer une société à peu près
semblable à celle qu'établissait le pieux Fondateur.

Au bout de quelques mois, le prêtre annécien,
qui n'avait pas abandonné son projet, s'informait
auprès de son disciple de ce qu'il devenait et de
l'époque à laquelle il pensait lui revenir. Pour
que la lettre parvint plus sûrement à son desti-
nataire, il l'avait envoyée par un exprès. Celui-ci
rencontra fortuitement le Frère Gabriel près de
l'église et lui demanda s'il connaissait M. Charrière. « Je le connais très bien, répondit le Frère,
que lui voulez-vous ? » Le messager répondit qu'il
avait une lettre à lui remettre, et, malgré sa répu-
gnance à confier sa missive à une tierce personne,
gagné par les bonnes grâces de son interlocuteur
de hasard, sur son affirmation que la commission
serait fidèlement faite, il lui abandonna son pli
et repartit pour la Haute-Savoie.

Comme bien on pense, le commissionnaire
occasionnel parcourut la lettre, puis, ayant pris
à part son prétendu postulant, il en obtint facilement l'aveu qu'en venant à Belmont, il n'avait
pas eu l'intention d'y faire profession. Il fit plus,
il lui persuada de renoncer à la pensée de retourner chez M. Picolet et de s'attacher définitivement
à la Communauté vers laquelle la Providence
avait dirigé ses pas. Notre Savoyard, voyant dans
ces événements la main de Dieu, crut qu'il n'avait

rien de mieux à faire que de rester fidèle au Frère Gabriel, et c'est dans ce sens et sous la dictée de ce dernier qu'il répondit au prêtre qui l'avait envoyé à Belmont. Dès ce moment, le Frère Jean fut pour toujours fixé sur sa vocation.

Toutefois son Supérieur était moins tranquille et, pour tout arranger, il alla trouver l'abbé Picolet. Il dut lui faire comprendre que deux œuvres semblables établies dans des lieux rapprochés se nuisaient mutuellement. Aussi le prêtre s'engagea à renoncer à son projet de fonder un Institut enseignant et le Frère, de son côté, promit de fournir des maîtres, autant qu'il le pourrait, aux paroisses de la Savoie qui lui en demanderaient. Et Dieu sait s'il a tenu parole.

Le Frère Jean, mis au courant de l'arrangement conclu, n'en fut que plus résolu de vivre et de mourir membre de la Sainte-Famille. Le Frère Gabriel demeura en relations suivies avec le vénérable ecclésiastique du clergé d'Annecy, auquel il faisait part des progrès de son association et des établissements qu'il fondait en Savoie, ce dont M. Picolet se montrait très satisfait. Il fut toujours attaché à l'Institut et lui procura un certain nombre de bons sujets.

Le Frère Jean, alors âgé de vingt-trois ans, rendit de nombreux services au Fondateur pendant son noviciat. Il était pieux, d'une exacte régularité, d'une obéissance parfaite. Le Frère Gabriel, voyant qu'il pouvait compter sur lui, l'établit son remplaçant pendant ses absences forcées. Un jour des pensionnaires ou des novices, voyant M. Charrière descendre à la cave avec une provision d'eau, s'en allèrent sonner à toute volée la cloche de la maison. Le bon Frère remonte précipitamment pour faire observer que ce n'est pas encore l'heure d'annoncer l'examen. « Sans doute, répondent nos gais lurons, mais nous sonnons en l'honneur du baptême que vous administrez au vin dans la cave. » Quoique naturellement rigide, le *baptiseur* ne prit pas la plaisanterie en mauvaise part et l'affaire finit par un éclat de rire.

Tout n'était pas joie, à cette époque, dans la vie du Fondateur. Jusque dans l'entourage de Mgr Devie, si de précieux amis lui étaient dévoués, tel M. le vicaire général Dépéry, qui l'encourageait par d'affectueuses lettres, d'autres personnages lui étaient moins favorables, toujours offusqués par son costume religieux. C'étaient ces derniers qui avaient soulevé l'idée d'une fusion de la Sainte-Famille avec les Petits-Frères de Marie, escomptant que le Frère Gabriel ou bien l'adopterait et par le fait se trouverait acculé à l'abandon de l'habit abhorré, ou bien s'y refuserait et s'exposerait en conséquence à perdre les bonnes grâces de son évêque.

Un autre sujet d'angoisse tourmentait notre héros. Il lui fallait aviser sans cesse aux moyens de nourrir sa maisonnée. Les postulants qui se succédaient étaient presque tous pauvres. La modique annuité que fournissait l'Evêché pour l'entretien de quelques orphelins et la faible rétribution d'un petit nombre de pensionnaires constituaient, avec le produit de ses quêtes, tant qu'il avait pu en faire, ses uniques ressources. Mgr Devie, malgré son sincère désir de l'assister pécuniairement, en avait été empêché. A l'arrivée de Sa Grandeur à Belley, en effet, le diocèse tout

entier était à refaire, il y fallait relever deux cents
clochers : là, plus encore qu'à Saint-Claude, les
besoins étaient urgents, car le passage du sinistre
Albitte y avait laissé plus de ruines.

Quoiqu'il fût d'une robuste santé, le Frère
Gabriel pensait avec raison que la mort pouvait le
surprendre un jour ou l'autre. Aussi prit-il ses
précautions pour que sa maison de Belmont qu'il
avait acquise par le moyen de son patrimoine, de
son travail et des offrandes de la charité, ne revint
pas, après lui, à ses héritiers naturels. En conséquence, il rédigea un testament aux termes duquel
il la léguait, avec tout le mobilier qu'elle renfer-
mait, à l'Institut de la Sainte-Famille ou, à son
défaut, à Mgr l'Evêque de Belley.

Le pieux Fondateur trouva une occasion de
s'amasser des mérites par la pratique de la **vertu**
de patience dans ses rapports avec le prêtre investi
de la charge de père spirituel, en d'autres termes,
de Supérieur ecclésiastique de sa Communauté.
C'était alors M. l'abbé Robert, dont les vues ne
cadraient pas toujours avec celles du Supérieur
religieux. Leurs différends venaient surtout de ce
que le Frère Gabriel, dans son ardent désir de
donner au plus tôt de l'extension à son œuvre,
employait des sujets insuffisamment éprouvés. Le
Fondateur, par nature, était prompt ; le prêtre,
jeune encore, ne lui cédait guère en vivacité.
Tous deux d'ailleurs avaient un cœur d'or et si,
dans leurs petits démêlés, ils ne pesaient pas toujours suffisamment leurs paroles, la paix entre
ces deux belles âmes était bientôt rétablie. On
aime à voir, d'un côté, le Frère reconnaître humblement ses torts et en demander pardon ; de l'au-

tre, l'abbé oublier facilement ce qui, de la part du Fondateur, avait pu parfois lui causer de la peine.

On pourrait se demander si Mgr Devie ne les avait pas mis en présence pour les aider à se corriger de leurs défauts l'un par l'autre. En même temps qu'il reprochait au père spirituel d'aller trop vite, de trop entraver le Frère, d'être un orgueilleux, il écrivait au dirigé qu'il manquait à l'égard de M. Robert des égards qui lui étaient dus, qu'il ne savait pas reconnaître la bienveillance de celui-ci, le bien qu'il lui voulait, l'intérêt qu'il portait à son œuvre, qu'il était trop pressé, qu'il manquait d'humilité.

Lequel des deux avait tort ou raison? Dieu le sait. Toujours est-il que plus tard le chanoine Robert, tout en assurant qu'il avait toujours agi avec des intentions droites, se confondait d'avoir contrarié le Fondateur, reconnaissant que celui-ci avait été conduit par Dieu dans sa manière de régir la Congrégation naissante.

La fin de l'année 1836 avait vu se fonder deux établissements scolaires dans deux chefs-lieux de canton : celui de Seyssel (Ain) et celui de La Motte-Servolex, non loin de Chambéry. A son grand regret, le Frère Gabriel ne put en former de nouveaux en 1837, pas même à Fernex où Monseigneur désirait deux Frères.

En cette même année 1837, un cruel deuil de famille affligea le Fondateur. Au cours de l'été, Mme Taborin, âgée de près de quatre-vingt-trois ans, tomba gravement malade. Son fils alla la visiter et lui adresser toutes les paroles de consolation qu'il pouvait tirer de son cœur si aimant.

En la trouvant si souffrante, il ne douta pas que
Dieu ne lui demandât bientôt un douloureux sacrifice. Il avait fait ses adieux à la malade et reprenait le chemin de Belmont, sans toutefois être
sorti encore de Belleydoux quand, soudain saisi
d'un tremblement de tous ses membres, il ne put
aller plus loin. La pensée qu'il ne verrait plus sa
mère opérait cet effet sur sa nature impression-
nable. Il revint auprès d'elle pour l'embrasser
une dernière fois et partit.

Cependant la Communauté de la Sainte-Famille
vivait dans la pauvreté. La chapelle ne possédait
en fait de linge et d'ornements que le strict nécessaire ; encore étaient-ils dus à la charité de généreux bienfaiteurs. Dans le bilan ou état financier
présenté à l'Evêché de Belley à la fin de 1837, on
lit que le chiffre des recettes atteint 6.537 francs,
celui des dépenses 5.420 ; que l'avoir en meubles,
immeubles ou créances, se monte à 14.200 francs
et la dette à 5.900. Et pourtant, en dépit de si
maigres fonds, un agrandissement de la maison
s'impose, si l'on veut y posséder un Noviciat et un
Pensionnat convenables, car l'exiguité des locaux,
et particulièrement des dortoirs, rebute les jeunes
gens qui auraient l'intention de solliciter leur
admission.

TROISIÈME PARTIE

LES SUCCÈS
(De 1838 à 1864)

CHAPITRE I

Fondation de l'Institut

Nature de l'état religieux. — Présentation de la Règle à Mgr Devie. — Le Frère Gabriel est mandé à Brou. — Approbation et impression des Constitutions. — Aperçu général des Statuts et du Règlement. — Prescriptions spéciales concernant les Frères instituteurs, les supérieurs, les inférieurs, les rapports avec les autorités et les étrangers. — Légères retouches. — Injustes critiques. — Premières professions.

Si le nom de Congrégation religieuse avait été donné jusqu'ici à la famille spirituelle du Frère Gabriel, ce vocable ne pouvait s'entendre que dans un sens très large ; elle ne formait en réalité qu'une pieuse association. Bien qu'ils suivissent des règlements communs et portassent un habit de religion (le Fondateur n'avait pas quitté le sien un seul jour depuis qu'il l'avait reçu aux Bouchoux en 1824), ses membres n'étaient pas des religieux proprement dits ; car, d'une part, si l'évêque diocésain avait encouragé officieusement leur genre de vie, il ne l'avait pas encore officiellement approuvé, et, d'autre part, ils ne faisaient pas de vœux. Or, l'approbation de l'Eglise et l'émission des vœux publics d'obéissance, de chasteté et de pauvreté soit perpétuels, soit temporaires mais à renouveler à leur expiration, sont tellement de l'essence de l'état religieux, qu'on n'en peut faire partie sans cela [1]. Tout ce qui précède ne peut donc être regardé que comme une sorte d'essai précurseur, une gestation laborieuse. C'est seulement de l'an 1838 que date la naissance de l'Institut des Frères de la Sainte-Famille, en tant que Congrégation religieuse.

Sans nous attarder aux événements de moindre importance, tels que la bénédiction d'une cloche de soixante-quinze kilogrammes pour la chapelle de Belmont en la fête de l'Ascension, déjà rehaussée par la solennité de la première communion des enfants de la paroisse et du pensionnat, nous avons hâte de passer aux grands faits de cette heureuse année. Le premier est la présentation de la Règle de la Sainte-Famille à Mgr Devie.

Depuis quatorze ans, le Fondateur travaillait à son élaboration. Quand il se crut assuré de la vitalité de son œuvre, il y mit la dernière main et l'adressa au premier pasteur du diocèse, en le priant de daigner l'examiner et y faire les retouches que Sa Grandeur jugerait utiles. Cet envoi était accompagné d'une lettre dans laquelle le Frère Gabriel retraçait l'historique de son entre-

---

[1] Code du droit canonique, canons 487 et 488.

prise contrariée de tant de manières, protestait de la droiture de ses intentions et terminait par ces belles paroles :

« Peut-être, Monseigneur, qu'il y a témérité de ma part de m'être ingéré à donner des règles à ceux qui veulent suivre les conseils évangéliques... Ce qui me rassure, c'est de vous avoir obéi en les écrivant et d'avoir suivi, je crois, les inspirations du Saint-Esprit à ce sujet, car jamais je n'ai entendu ni lu d'autres Constitutions, ni emprunté les écrits de qui que ce soit... Corrigez, s'il vous plaît, ce qu'ont d'imparfait ces Règlements que j'ai l'honneur de venir soumettre à votre approbation ; acceptez d'être le Général de notre Congrégation, puisque vous en avez été le Fondateur. »

Avant de donner son approbation aux Règles qui lui étaient soumises, Mgr Devie fit appeler à Brou le Frère Gabriel, le 15 août 1838, et lui déclara que, pour continuer d'assurer sa protection à l'Institut naissant, il exigeait de lui qu'il conservât toute sa vie la charge de Supérieur. Sa Grandeur à laquelle une longue expérience avait appris les difficultés inhérentes à la fonction de Supérieur général, jugeait cette garantie nécessaire pour l'avenir de la Congrégation. Le Fondateur se soumit humblement à la volonté de son évêque et prononça à la messe du prélat, avant de faire la sainte communion, le vœu de porter jusqu'à la mort le fardeau du supériorat. Que de fois, dans la suite, se sentant écrasé sous le faix, il eut désiré pouvoir le déposer ! C'était impossible : son engagement sacré l'obligeait à le garder.

Quand cette satisfaction lui eut été accordée, Mgr Devie ne fit nulle difficulté d'approuver les Constitutions de la Sainte-Famille, en y apportant quelques modifications. Il fit plus encore, il en prit les frais d'impression à sa charge.

Dans l'impossibilité de reproduire tout au long le texte de cette Règle primitive, donnons-en au moins une analyse succincte.

Dans une lettre préliminaire, le Fondateur s'exprime ainsi :

« Les règles contenues dans ce livre ont été pendant longtemps l'objet de nos plus sérieuses réflexions. Après avoir reconnu par expérience qu'elles sont toutes faciles dans la pratique, nous vous les avons d'abord données manuscrites et nous vous avons demandé plusieurs fois ce que vous en pensiez. Vous avez toujours répondu que vous les aimiez et que vous étiez dans la ferme intention de les suivre toute votre vie.

« Une main plus habile aurait sans doute rendu la lecture de ce livre plus agréable et plus intéressante ; mais ce n'est pas pour le monde ni pour les savants du siècle qu'il a été composé, c'est pour vous, c'est pour moi, c'est pour les simples et les pauvres en esprit qui seront appelés à suivre les conseils évangéliques, en s'associant à nos pénibles mais louables fonctions.

« Lisons-le donc dans un esprit de simplicité et un désir sincère de nous instruire de nos devoirs ; c'est le moyen d'en tirer du fruit et de contribuer puissamment à notre sanctification et à celle des autres... »

Qu'y a-t-il de plus beau que le passage suivant :

« A la vérité, notre profession n'a rien d'attrayant selon le monde ni sous le rapport de l'intérêt personnel : point de fortune à espérer ;
aucune renommée à acquérir ; écouler sa vie dans
un travail monotone ; n'avoir pour toute récompense que la critique ou l'ingratitude ; être constamment assujetti à l'obéissance ; n'avoir rien en
propre ; être mort à ses goûts et à sa propre
volonté ; vivre dans le monde et n'avoir aucune
part à ses plaisirs; faire le sacrifice de sa liberté.
de sa jeunesse, de ses talents, de sa santé et de
sa vie même pour se rendre utile au prochain ;
enfin s'épuiser en sacrifices à peine comptés par
ceux qui en profitent et travailler pour les hommes
sans pouvoir en obtenir de récompense pour la
vie présente. Mais nous visons à quelque chose de
bien plus précieux, nous visons à la gloire de
Dieu, au salut des âmes et à notre propre sanctification, en haïssant le péché et en le faisant haïr,
en aimant Dieu et en le faisant aimer partout où
il plaira à nos Supérieurs de nous envoyer ; et.
par là, nous acquérons l'inestimable trésor de la
félicité éternelle. Courage donc ! S'il en coûte un
peu pour vivre en bons Frères de la Sainte-Famille.
il sera bien consolant de mourir en prédestinés. »

Voici quelques articles des Statuts :

ARTICLE Ier. — La petite Association des Frères
de l'Instruction chrétienne, connus sous le nom
de Frères de la Sainte-Famille, a pour fin toutes
sortes de bonnes œuvres, mais son but principal
est de seconder MM. les Curés de la campagne et
des villes en qualité de maîtres des écoles parois-
siales, de catéchistes, de clercs et de sacristains.

« ARTICLE II. — Les Frères peuvent exercer leurs fonctions en tout pays, en se conformant aux lois civiles et ecclésiastiques de l'Etat et du diocèse qu'ils habitent. Ils se répandent dans les paroisses un à un ; mais, dans ce cas, il est à désirer qu'ils logent au presbytère ou que l'établissement soit rapproché d'un ou de deux autres dont les Frères se visiteraient mutuellement une fois par semaine... Dans tous les cas, les Frères ne seront envoyés dans les paroises qu'avec l'agrément de l'Ordinaire du lieu et qu'à la demande spéciale du Curé...

« ARTICLE XIII. — Les Frères de la Sainte-Famille font les vœux de pauvreté, de chasteté, d'obéissance et de stabilité : ces vœux sont simples et limités pour trois ans. Après leur profession, tout est commun parmi eux, et tous, dès ce moment, sont participants des biens spirituels et temporels de la Congrégation, pendant qu'ils y resteront attachés par des vœux. Ils ne peuvent disposer de rien, sans la permission des supérieurs. Cependant la propriété de leur patrimoine ou de tout autre bien-fonds qui leur serait donné n'appartient pas à la Congrégation ; chacun d'eux est libre d'en disposer à sa volonté. Le vœu de pauvreté ne regarde que l'usage du revenu et des objets mobiliers...

« ARTICLE XVI. — Le Frère Supérieur est nommé au scrutin secret, sa nomination est à vie. Tous les Frères, sans exception, placés en France ou en Savoie, lui doivent attachement et obéissance... »

Le Règlement journalier et hebdomadaire est

admirable de clarté, de simplicité et de sagesse. On y lit, par exemple, à l'adresse des *Frères Instituteurs* :

« N° 18.— Après la classe du soir, vous prendrez une demi-heure de repos et vous irez faire une visite au Saint Sacrement ; vous direz ensuite les Vêpres et les Complies de la Sainte Vierge et votre chapelet. Cela fait, vous vous retirerez ; mais, si vous êtes chargés du soin de la maison de Dieu, vous garnirez la lampe et fermerez l'église. En été, vous ne le ferez qu'à la tombée de la nuit...

« N° 45. — Tout châtiment, tel que la verge, le fouet, la férule, et encore plus les coups, les soufflets, etc., sont à jamais interdits dans l'Institut. Vous laisserez aux parents le soin d'user de ces moyens ; quant à vous, souvenez-vous qu'un habile écuyer sait réduire à son gré un cheval ombrageux et rétif en le caressant et en le dirigeant d'une main légère et flatteuse, sans employer ni le fouet ni les éperons. Pourquoi faudrait-il que les hommes fussent traités plus durement que les animaux? D'ailleurs le nom de Frères que vous portez marque naturellement l'aménité que vous devez avoir envers tout le monde, particulièrement à l'égard des enfants.

« N° 59. — Dans les moments libres, particulièrement les jeudis, les dimanches et fêtes, vous formerez les enfants de chœur, surtout les clercs de l'école : 1° à se tenir décemment à l'église ; 2° à servir la messe deux ensemble ; 3° à servir la grand'messe ; 4° à faire les fonctions d'acolytes, de thuriféraires, de céroféraires. Vous vous conformerez à cet égard au cérémonial diocésain. Vous leur ferez apprendre le *Miserere*, le *Te Deum*, les répons pour le baptême, le mariage, les services funéraires, etc... »

Au sujet de la responsabilité des *supérieurs :*

« N° 103. — Souvenez-vous qu'au terrible jugement de Dieu il se fera un examen de deux choses, savoir : de votre doctrine et de l'obéissance de vos disciples, et sachez qu'on imputera à la faute du pasteur tout le défaut de profit qu'aura trouvé dans ses brebis le Père de famille. Vous en serez seulement déchargés, quand vous aurez apporté, comme un bon pasteur, toute la diligence à bien régir.

« N° 104. — Vous n'aurez point égard à la condition des personnes ; vous n'aimerez point l'un plus que l'autre, excepté celui que vous trouverez exceller en bonnes actions et en obéissance ; vous aurez une grande charité pour tous et les tiendrez sous une même discipline, selon leur mérite, joignant la sévérité du maître à l'affection du père : vous ferez de douces réprimandes à ceux qui seraient déréglés et turbulents, exhortant ceux que vous trouverez patients, doux et obéissants à s'avancer de plus en plus dans la vertu. Quant à ceux qui manqueront par négligence, paresse ou mépris, vous devez les corriger fortement... »

Concernant les devoirs des *inférieurs :*

« N° 108. — Vous regarderez Dieu même dans la personne de vos supérieurs : cette sainte considération est une des plus grandes grâces qu'une âme religieuse puisse espérer en ce monde ; vous la demanderez donc tous les jours dans vos meilleures et plus ferventes prières...

« N° 110. — Quoique votre Supérieur tienne la place de Dieu, il n'est pourtant pas un ange, mais un homme, sujet comme vous à toutes les misères de la vie. S'il lui échappait quelques fautes devant vous, n'allez pas les divulguer, car vous vous rendriez grandement coupable ; cachez-les au contraire sous le manteau de la charité ; excusez-les, comme vous voulez qu'il excuse et pardonne celles que vous faites peut-être chaque jour. Priez pour lui et ne perdez pas de vue qu'il est chargé de votre âme, et que c'est vous peut-être qui, par votre inconduite et votre irrégularité, avez augmenté ses peines et ses ennuis... »

Touchant les rapports à entretenir soit avec les diverses *autorités*, soit avec les *étrangers :*

« N° 114. — Vous honorerez, par toutes sortes de respects, le Curé de la paroisse où vous serez placés pour ses qualités de prêtre et de pasteur. Vous n'oublierez en aucune circonstance que vous êtes l'une des brebis de son troupeau, et que, bien que vous portiez le costume religieux, vous ne devez jamais vous égaler à lui, vu que vous lui êtes grandement inférieurs en raison de son caractère et de ses talents...

« N° 117. — Vous ne critiquerez jamais, entre confrères, ni avec qui que ce soit, la conduite de votre Curé, ni d'aucun autre ecclésiastique, lors même qu'elle vous paraîtrait répréhensible ; vous les défendrez charitablement. Dans le cas où vous ne sauriez le faire, vous vous bornerez à garder le silence.

« N° 123. — Lorsque vous serez placés dans une paroisse pour y exercer les fonctions d'instituteurs, vous ferez ce que vous pourrez, sans bassesse et sans imprudences, pour vous rendre agréables à M. le Maire et aux autres magistrats du lieu, de même qu'aux ecclésiastiques envoyés par Mgr l'Evêque et aux fonctionnaires de l'Université, lorsqu'ils visiteront votre école. Vous aurez à cœur de montrer, par l'honneur que vous leur rendez, le respect et la soumission dus aux autorités établies de Dieu, en ce qui concerne leurs fonctions. Vous ne leur refuserez aucun des renseignements qu'ils vous demanderont sur l'instruction et la discipline des écoles de l'Institut ; vous aurez soin de vous comporter avec l'humilité et la prudence chrétiennes qui conviennent à leur présence... »

« N° 126. — Ayez avec les étrangers un air affable et sans morgue ; mais ne liez de familiarité avec personne, surtout avec les voisins. Ne recevez aucune visite dans votre chambre particulière, principalement celles des personnes du sexe, auxquelles vous ne devez jamais parler seul à seule, à moins que ce ne soit votre mère ou votre sœur. Soyez l'ami des pauvres, le consolateur des affligés et des malades autant que vous le pourrez. »

Le tout se termine par une exhortation à pratiquer deux devises qui doivent être bien chères à tout bon Frère de la Sainte-Famille :

« Dieu, ma règle et mon Supérieur.
« Etat de grâce, humilité et prière. »

Voici maintenant les plus importants des changements que Mgr Devie introduisit dans la Règle originale, avant de l'approuver :

L'âge d'être admis au Noviciat fut fixé entre quinze et seize ans (alors que le Frère Gabriel l'avait placé entre seize et trente-cinq).

La durée du noviciat fut limitée à un an (au lieu de deux ans avec faculté de diminution ou de prolongation selon le désir des novices et l'avis des Supérieurs).

La première profession devra se faire pour trois ans au terme du noviciat (au lieu d'être reculée à la fin d'une troisième année de persévérance dans l'Institut, à dater de l'entrée au Noviciat).

On pourra émettre les vœux de religion dès qu'on aura seize ans révolus, suivant les prescriptions du Concile de Trente (au lieu d'être obligé d'attendre l'âge de vingt-et-un ans et un jour).

On voit par là combien injuste et immérité était le reproche que souvent le Fondateur a entendu des membres du clergé lui adresser d'admettre trop hâtivement ses novices à émettre leurs vœux, l'accusant d'être ainsi la cause de la défection d'un grand nombre de sujets.

Relativement à l'âge de la profession, le bon Frère ne faisait que se conformer aux règles tracées par la sagesse de l'Eglise elle-même et les multiples vocations, qui malheureusement se sont perdues, s'expliquent parfaitement par d'autres raisons. D'abord, dans tous les Instituts les commencements sont pénibles et laborieux, et plus d'une Congrégation similaire, quoique établies sous des régimes politiques plus favorables, ont passé, à leur début, par les mêmes épreuves que la Sainte-Famille. De plus, le Frère Gabriel avait en vue de venir en aide surtout aux communes rurales et partant, ses disciples ne formaient que des Communautés de deux religieux ; souvent même ils étaient placés seuls. De ce chef, non seulement ils se trouvaient plus exposés que les sujets d'autres Congrégations enseignantes, mais encore les moindres défauts que l'humaine faiblesse pouvait laisser subsister en eux ne manquaient pas d'être aperçus.

Cependant le Fondateur pensait souvent à se donner plus entièrement à Dieu par la sainte profession et, dès le commencement de 1838, il en avait exprimé le désir à Mgr Devie, tout en se soumettant d'avance à son bon plaisir. Sa Grandeur fut d'avis qu'il différât encore quelque temps d'accomplir ce grand acte, afin de pouvoir émettre ses vœux avec quelques-uns de ses Frères. La cérémonie eut lieu le 3 novembre suivant dans la chapelle de Belmont, en présence de tous les membres de l'Institut réunis pour la retraite annuelle. Le Frère Gabriel fit des vœux perpétuels et fut installé Supérieur de la Congrégation ; ceux de ses sujets admis à la profession émirent des vœux temporaires pour une durée de trois ans, renouvelables annuellement pour le même temps. De onze qu'ils étaient, cinq eurent le bonheur de persévérer dans leur sainte vocation et de mourir dans l'Institut. Ce furent les Frères François Dugnat et Joseph Doublier, du diocèse de Grenoble ; Antoine

Yoreux, du diocèse de Chambéry : Marie Mestrallet et Jean Charrière, du diocèse d'Annecy.

Cette première cérémonie de profession réjouit tous les cœurs, mais plus particulièrement celui du Fondateur qui éprouva le besoin de communiquer son bonheur à ses excellents amis des premiers jours, les abbés Desrumeaux et Roland.

Chapitre II

Un nouvel exode

Le logement fait défaut. — Vues sur Belley. — Le couvent à Sainte-Marie. — Vente de la propriété de Belmont. — Sans asile. — Au jardin d'hiver. — Dispositions édifiantes de la Communauté. — Un orage écarté.

Dans le courant de 1840, se présentèrent au Noviciat une vingtaine de jeunes gens donnant les meilleures espérances. De toute nécessité, la résidence de Belmont devait être ou agrandie, ou quittée pour une plus grande. Il fallait, en effet, un courage plus qu'ordinaire pour supporter les incommodités de ce premier couvent de l'Institut. Dieu semblait se plaire à le laisser dans un dénuement complet. Mais les privations réjouissent les grandes âmes, et les Frères de la Sainte-Famille, formés par les solides enseignements de leur Père, acceptaient leurs épreuves sans tristesse et ne songeaient nullement à se plaindre. La maison était devenue si exiguë qu'il fallait faire des prodiges de combinaisons pour que chaque membre de la

Communauté pût y trouver un abri. Les dortoirs ne ressemblaient guère à un lieu de repos ; les étroites dimensions du local obligeaient à juxtaposer les tréteaux supportant quelques planches avec une paillasse qu'on décorait du nom de lits. Cependant les Frères dormaient bien sur ces grabats si misérables. La paix de l'âme écartait les insomnies qu'aurait pu causer la dureté des couches.

Mgr Devie, dans sa visite d'octobre 1839, avait reconnu lui-même qu'une telle situation n'était plus tenable, et comme néanmoins il ne parlait plus d'agrandissement, ce à quoi Sa Grandeur avait d'abord pensé, il est à présumer qu'il songeait à transférer la Maison-Mère dans sa ville épiscopale. De son côté, le Frère Gabriel, tout en tenant beaucoup à sa chère maison de Belmont, appréciait aussi l'avantage de venir à Belley où sa Congrégation, placée sous les yeux du premier Pasteur du diocèse, prendrait de nouveaux accroissements et acquerrait une plus grande considération. Dès le mois de février, il avait porté ses vues sur l'ancien couvent des Sœurs de Sainte-Marie ou de la Visitation. Ces religieuses avaient été expulsées à la Révolution et leur couvent était devenu la propriété de la ville. Bien qu'il n'eût pas été entretenu, on pouvait en rendre une partie habitable au moyen de quelques réparations ; le reste du monastère se restaurerait à mesure que viendraient les ressources et selon l'exigence des besoins. Ce serait du reste rendre au culte un édifice jadis sanctifié par la prière et la pénitence.

L'évêque partageant les idées du Fondateur, celui-ci entama avec la municipalité de longs et

Pavillon du Clos de l'Évêché (façade du Midi)

laborieux pourparlers qui, après avoir fait espérer l'acquisition immédiate de l'immeuble, aboutirent à cette conclusion qu'il serait fait un bail de neuf ans, moyennant un prix de location de six cents francs par année, avec faculté, pour le preneur, de devenir acquéreur pendant ce laps de temps. Le contrat fut rédigé, puis signé par les parties en juillet 1840, sous la réserve de droit de l'approbation de la Préfecture, dont d'ailleurs personne ne doutait.

Dès lors que la Sainte-Famille allait se transporter à Belley, sa propriété de Belmont lui devenait inutile ; elle fut donc vendue avec l'autorisation épiscopale, à un avoué, M. Garin, pour la somme de dix mille cinq cents francs. Or, on apprend soudain que le Préfet de l'Ain refuse à la ville de Belley, la permission de louer le Monastère de Sainte-Marie, destiné à devenir l'hôtel de la Sous-Préfecture et une caserne de gendarmerie.

De ce fait, voici notre pauvre Fondateur menacé de se trouver sans abri pour lui-même et pour les quarante-six personnes qui composent sa Communauté. M. Garin, supplié d'accorder un sursis au déménagement de l'immeuble de Belmont, ne peut donner que huit jours de répit, et toutes les démarches activement tentées pour trouver une autre habitation dans Belley demeurent infructueuses. Que faire dans une telle extrémité? Le Frère Gabriel recourt à son double moyen ordinaire de se tirer d'affaire dans les passes difficiles : il commence avec les siens une neuvaine de prières accompagnées d'un rigoureux silence, de jeûnes sévères et de ferventes communions, et il fait appel au cœur paternel de son évêque.

Sa confiance fut récompensée comme elle le méritait. Le prélat vint à son secours en mettant à sa disposition une petite maison sise dans le clos de l'Evêché et qui servait de jardin d'hiver. Ce logement était bien étroit, sans doute, mais il était offert avec cet empressement qui double le prix d'une bonne œuvre.

Dès les premiers jours de septembre, la pieuse Communauté quittait Belmont et s'acheminait à pied vers la ville épiscopale. Placée sous le patronage de la Sainte-Famille, il était juste qu'elle trouvât, à son arrivée à Belley, comme une réplique de l'étable de Bethléem dans la maisonnette de l'Evêché, où quarante-sept personnes durent loger pendant un mois, acceptant avec une entière résignation, cette épreuve de la divine Providence. Ce ne fut pas pour elle un médiocre encouragement que l'exemple de son aumônier, M. l'abbé Gourmand, qui, dans son dévouement, voulut bien se résigner à partager la gêne commune.

On tira de l'asile provisoire tout le parti possible. Le rez-de-chaussée où on abritait d'ordinaire les outils et les légumes, devint la cuisine et le réfectoire. Des deux pièces composant l'unique étage, l'une fut à la fois la chapelle et la salle de réunion et l'autre, divisée en deux compartiments par un paravent, fournit leur chambre au Supérieur et à l'aumônier. Au grenier, sous les tuiles, on plaça quelques lits et on étendit de la paille sur le plancher : ce fut le dortoir de la Communauté. Vers la fin de septembre, on commença à souffrir de la fraîcheur des nuits, mais cette incommodité fut supportée avec le même joyeux courage que les autres.

La petite famille offrait alors un spectacle bien consolant par la parfaite soumission et la constance inébranlable de tous ses membres. Pas un Frère profès, ni même un novice qui proférât la moindre plainte, fit entendre le plus léger murmure, prononçât une seule parole de découragement au milieu du malaise général, de la gêne extrême que l'on éprouvait et le jour et la nuit. Ce bon esprit fit concevoir les plus hautes espérances pour l'avenir de la jeune Congrégation.

Pendant que le Frère Gabriel goûtait un moment d'accalmie dans son campement de fortune au jardin d'hiver de l'Evêché, un complot se tramait contre lui à son insu. Belley possédait déjà alors quatre maisons religieuses : celles des Pères Maristes, des Sœurs Maristes de Bon-Repos, des Sœurs Bernardines et des Sœurs de Saint-Joseph ; et voici que venaient d'arriver encore les Frères de la Sainte-Famille. Quelques personnages antireligieux en prirent occasion d'agiter bruyamment le spectre de l'envahissement de la ville par les Congrégations. Pour des motifs différents, deux ou trois ecclésiastiques ne voyaient pas d'un bon œil la nouvelle Communauté s'implanter dans la ville épiscopale. Une plainte contre son établissement fut portée devant Mgr Devie, qui se trouvait en ce moment à Bourg. Sa Grandeur, en face de cette opposition, se demanda sérieusement s'il ne serait pas opportun de transférer l'Institut des nouveaux venus dans un ancien monastère situé à Druillat, non loin de Pont-d'Ain. Instruit de ce qui se passait par une lettre de M. le vicaire général Dépéry, le Fondateur prit aussitôt la plume, et tout en se déclarant prêt à obéir à son évêque, présenta à Sa Grandeur, du maintien de sa Congrégation à Belley, des raisons si solides qu'elles furent agréées et ses adversaires durent s'apercevoir que toute nouvelle tentative ayant pour but de l'éloigner serait sans succès.

<hr>

Chapitre III

Implantation de l'Institut à Belley

La nouvelle résidence. — Demande d'ouvrir un pensionnat. — Pénurie extrême. — Charité des Sœurs Maristes. — Le dévouement de Jeanne. — Dettes forcées. — Noces d'or de Mgr Devie. — Projet de demande d'approbation au Saint-Siège. — Premier voyage à Rome.

Le 6 octobre 1840 les Frères de la Sainte-Famille prenaient possession en ville d'un nouveau logement composé d'une maison achetée par eux à M. Maret et d'une autre, attenante à la première, que leur offrait Mgr Devie. Cette seconde habitation avait été léguée par testament par le chanoine Pichat au R. P. Colin, fondateur des Pères Maristes, lequel l'avait transmise, en échange de l'ancien couvent des Capucins, à l'évêque de Belley qui y avait logé le chanoine Brouillard.

Un mois après son installation dans cette demeure définitive, le Frère Gabriel sollicita de l'Académie de Lyon l'autorisation d'ouvrir à Belley un pensionnat d'études primaires, en ayant soin de joindre à sa demande, outre son brevet de capacité, deux certificats des plus élogieux émanant l'un du Maire, l'autre du Curé de Belmont.

Toutefois la nouvelle acquisition, en attendant les agrandissements qu'on espérait pouvoir y faire plus tard, se trouvait pour le moment assez étroite pour le nombre de ses occupants. De la chambre la plus spacieuse on avait fait la chapelle, à laquelle furent concédées les mêmes faveurs spirituelles que possédait celle de Belmont, à l'exception du Chemin de la Croix qu'y érigea l'année suivante seulement M. le Curé de la Cathédrale. Les jardins contigus aux deux maisons furent réunis et transformés en cour de récréation. Tandis qu'à Belmont le potager et le verger, de belle étendue, fournissaient légumes et fruits en abondance, ces avantages faisaient défaut à Belley où il fallut s'astreindre à la vie la plus frugale.

Le dimanche et le jeudi seulement, un petit plat de viande paraissait sur la table. Il arriva plus d'une fois que, l'argent venant à manquer, le dîner s'en ressentit ; mais on n'y prenait pas garde. Dans ces moments de détresse, la fidèle Jeanne devenait la pourvoyeuse de la Communauté. On la vit pleurer un jour parce que son maître n'avait pu lui donner que six sous — tout ce qu'il possédait en ce moment — pour préparer un repas de trente convives. Elle dut combler le déficit au moyen de sa propre bourse, car à l'heure de se mettre à table, personne ne s'aperçut de rien. Un autre jour, en se rendant au marché, elle fut rencontrée par une Sœur Mariste qui lui demanda pourquoi elle paraissait triste. « C'est, avoua-t-elle à son interlocutrice, en lui montrant les quelques sous qu'elle tenait dans la main, que le Frère Supérieur n'a pu me donner que cela, et je n'ai rien autre pour faire le dîner. » La bonne Sœur alla sur-le-champ communiquer à sa Supérieure ce qu'elle venait d'apprendre et celle-ci fit couper dans le jardin de sa propre maison, une abondante provision de bettes qui alimentèrent pour plusieurs jours la Communauté des Frères.

Ce ne fut pas là le seul acte de charité dont les Sœurs Maristes gratifièrent la Sainte-Famille ; elles y avaient d'autant plus de mérite qu'à cette époque, elles étaient loin elles-mêmes de se trouver dans l'aisance. Aussi le Frère Gabriel aimait-il à rappeler à ses sujets qu'ils devaient une grande reconnaissance à ces bonnes religieuses pour les bienfaits qu'ils en avaient reçus.

Il arriva quelquefois que le Fondateur n'avait pas même de quoi payer un port de lettre. Il s'adressait alors à la bonne Jeanne qui lui prêtait quelques pièces de monnaie. Cette fille dévouée est décédée en 1846, dans les sentiments de la piété la plus édifiante, à un âge assez avancé.

En acquérant la maison de M. Maret, le Frère Gabriel avait été obligé de s'endetter. Les dépenses occasionnées par le déménagement de Belmont et par l'entretien durant le mois des vacances scolaires de quarante-sept personnes, les frais d'acquisition de la nouvelle propriété qui s'élevaient au moins à onze mille francs et les réparations qu'il y fallut faire, avaient largement entamé les dix mille cinq cents francs produits par la vente de l'immeuble de Belmont. Il est vrai que les Frères placés dans les paroisses avaient fourni une douzaine de cents francs, mais cette somme, même augmentée de l'apport des novices, était loin d'être suffisante. Le Fondateur dut donc, malgré lui, rester dans les dettes. De là cette gêne dont nous venons de parler ; de là aussi cette sévère économie qui présidait à l'habillement. Les novices gardaient aussi longtemps que possible les vêtements qu'ils avaient apportés et l'on n'en confectionnait pas de neufs. La bigarrure des effets n'empêchait pas qu'on ne sortît en promenade. Il est vrai que le luxe, à cette époque, était encore peu répandu, même parmi les gens aisés.

Mgr Devie ayant reçu l'onction sacerdotale en 1791, à Nice, des mains d'un évêque français partant pour l'exil, l'année 1841 amenait le cinquantenaire de sa prêtrise. Le 21 septembre tout le diocèse de Belley, mais principalement la ville épiscopale, fêtaient le vénérable jubilaire. Six cents prêtres l'entouraient. Sept prélats, au nombre desquels se trouvait Son Eminence le Cardinal de Bonald, archevêque de Lyon, étaient venus s'associer aux sentiments de reconnaissance de leur illustre collègue et lui apporter le fraternel tribut de leurs félicitations et de leurs vœux. La Communauté de la Sainte-Famille, et notamment son digne Supérieur, prirent, dans cette mémorable circonstance, une part large et bien sentie à l'allégresse universelle.

Cependant, constatant la bénédiction que Dieu donnait à son Institut par les heureux résultats qu'y produisait la protection de l'évêque diocésain, le Frère Gabriel soupirait après une approbation plus haute encore, celle du Siège Aposto-

lique. A peine installé dans son pauvre logement
de Belley, dont il voulait faire la Maison-Mère de
la Congrégation, il s'occupa de la réalisation de
ce projet. Sa foi vive lui montrait dans le successeur de Pierre Jésus-Christ lui-même et, par
suite, dans l'approbation du Pontife de Rome,
plus précieuse à ses yeux que tout l'or du monde,
le doigt de Dieu sur lui et les siens. Il fut donc
arrêté avec Mgr Devie que le Fondateur ferait
présenter au Pape, par M. le vicaire général
Dépéry qui devait sous peu se rendre à Rome,
une supplique d'approbation, fortement appuyée
par l'évêque de Belley et par l'archevêque de
Chambéry. Ce dernier, qui était alors Mgr Billiet, non seulement ne refusa pas la lettre de
recommandation sollicitée de sa bienveillance,
mais il approuva fort le projet en question, ajoutant que l'approbation du Saint-Siège contribuerait puissamment à faire obtenir à l'Institut de
la Sainte-Famille celle du Gouvernement sarde,
grâce à laquelle ses sujets savoyards pourraient
être exemptés du service militaire. Sa Grandeur
engagea même le Frère Gabriel à faire en personne le voyage de Rome ; de cette façon il serait
à même de donner sur-le-champ les explications
que probablement réclamerait la Cour romaine,
et d'ailleurs, il était convenable, et c'était l'usage,
que les Supérieurs allassent présenter personnellement au Saint-Père les Constitutions de leur
Institut.

L'évêque de Belley ayant partagé l'avis de l'archevêque de Chambéry, le Fondateur, muni des
témoignages extrêmement favorables des deux
prélats, et d'une lettre dans laquelle lui-même,

après avoir tracé un aperçu succinct de la fin, des
œuvres et des progrès de son Institut, exposait le
but de sa démarche, quitta Belley à destination
de la Ville éternelle, en compagnie de M. le vicaire
général Dépéry, le 17 mai 1841.

Après avoir visité le palais des Papes à Avi-
gnon et prié au sanctuaire de Notre-Dame de la
Garde à Marseille, notre pèlerin prenait le bateau
le 21. La traversée fut mauvaise et le mal de mer
le fit beaucoup souffrir. Débarqué à Civitta-Vecchia le 23, le 25, à une heure du matin, il arrivait à Rome où, tous les hôtels étant fermés, il
dut, ainsi que ses compagnons de voyage, passer
la nuit à la belle étoile.

Le Frère Gabriel avait son logement pour la
nuit chez les Pères Capucins. Le jour, il s'occupait de la grande affaire qui l'avait amené, rédi-
geant des mémoires, faisant des visites, et, quand
il en avait le loisir, allant prier dans les églises
dont il admirait les beautés. Sa nourriture, des
plus frugales, consistait en deux pauvres repas
qu'il prenait en ville et qui lui faisaient « regret-
ter sincèrement — avouait-il avec franchise — le
vin et la soupe de Belley ».

Le 11 juin, il écrivait à sa Communauté : « J'ai
déjà parlé de notre affaire à plusieurs ecclésiastiques notables qui approchent souvent du Saint-
Père et qui paraissent vraiment s'intéresser à
notre œuvre. Ils me font espérer que nous obtien-
drons notre autorisation du Souverain Pontife,
mais tous disent que ce sera très long, parce que
la Cour de Rome va toujours très lentement en
ces sortes d'affaires... J'ai la sainte confiance que
nous aurons la faveur d'obtenir ce qui a été le

seul objet du long voyage que j'ai fait, mais je ne crois pas pouvoir emporter, en m'en allant, l'autorisation de notre Institut, pour les raisons dont je viens de parler. J'ai vu trois fois Mgr Vibert (évêque de Saint-Jean-de-Maurienne) à Rome ; il fait son possible pour nous aider. Il quittera la Ville sainte le lendemain de la Pentecôte pour se rendre à Turin et de là dans son diocèse. Il y a de grandes formalités à remplir avant de pouvoir être introduit chez le Saint-Père ; on n'est reçu qu'au jour et à l'heure qu'il assigne, et quelquefois on n'a une audience que huit ou dix jours après l'avoir demandée. Je pense avoir l'honneur et le bonheur de voir Sa Sainteté dans les premiers jours de juin... Nous quitterons Rome le 1ᵉʳ juillet et, si le bon Dieu daigne nous conserver, nous serons probablement de retour à Belley le 10 ou 12 du mois. »

Cet espoir du Frère Gabriel ne se réalisa pas. Il dut, selon les prévisions de Mgr Billiet, prolonger son séjour à Rome, afin de donner les explications nécessaires sur certains points de ses Constitutions, notamment sur la durée à vie de la charge du Supérieur général, point qui soulevait, paraît-il, assez de difficultés. Le Fondateur, qui avait déjà adressé une lettre explicative aux cardinaux chargés d'examiner son affaire, eut à leur faire parvenir encore une note supplémentaire.

Ce fut seulement le 18 août que le digne Supérieur eût une audience du Pape et qu'il reçut de la bouche même de Grégoire XVI l'assurance que sa Congrégation serait approuvée et que le Bref d'approbation ne tarderait pas à être envoyé à

Mgr Devie. Il serait difficile de peindre la joie que cette promesse causa au Fondateur, ainsi que sa reconnaissance envers Dieu et le chef suprême de la sainte Eglise.

Après avoir pris congé des cardinaux et des autres personnages dont le concours lui avait été si efficace, il se hâta de revenir dans sa chère Communauté. Contrairement à ce qui s'était passé à l'aller, la traversée de Civita-Vecchia à Marseille ne l'éprouva point. Il se rendit directement à Bourg où se trouvait alors Mgr Devie, pour annoncer à Sa Grandeur le succès de son voyage, et arriva enfin à Belley, vers la fin d'août, après une absence de plus de trois mois.

On comprend combien ce retour réjouit le Père et les enfants. Le lendemain, la Communauté entendit la messe et fit la sainte communion en faveur de toutes les personnes qui avaient aidé à atteindre le résultat désiré et un salut solennel avec *Te Deum* fut chanté en action de grâces.

Le Frère Gabriel se rendit sans tarder à Chambéry pour y remercier Mgr Billiet et lui faire part de la faveur providentielle dont son Institut était l'objet. Il ne manqua pas davantage d'adresser l'expression de sa reconnaissance à ses bienfaiteurs de Rome, notamment au Très Révérend Père Général des Capucins qui, en plus de l'hospitalité, lui avait donné les plus sages conseils pour le gouvernement de sa Congrégation ; à un archevêque grec dont il avait reçu un beau tableau ; au R. P. Vaures et aux MM. de Rossi, père et fils, qui lui avaient rendu de multiples services auprès des cardinaux et d'autres prélats romains.

Chapitre IV

Approbation de l'Institut par le Saint=Siège

Le Bref pontifical. — Embarras pécuniaires du Fondateur. — Son zèle pour la pratique de la Règle. — Nouveaux établissements. — Etonnante prédiction. — Approbation de la Sainte-Famille dans l'Etat sarde. — Exonération du service militaire pour les Frères savoyards. — En détresse dans la nuit. — Confiance en la Sainte-Famille récompensée. — Le rabat bleu.

Vers la fin de septembre 1841, Mgr Devie, suivant la promesse faite au Frère Gabriel par le Souverain Pontife, recevait de Rome le document officiel d'approbation de la Congrégation de la Sainte-Famille. En voici la teneur :

*« A notre vénérable Frère
Alexandre-Raymond Devie,*

Grégoire XVI, *pape*

« Vénérable Frère, salut et bénédiction apostolique.

« Notre cher fils Gabriel Taborin s'est rendu dans Notre sainte ville, et, après avoir vénéré les restes sacrés des apôtres, il Nous a humblement supplié de donner Notre approbation apostolique à la pieuse Société dite de la *Sainte-Famille*, qu'il a lui-même fondée depuis plusieurs années sous votre autorité, vénérable Frère, et laquelle, vivant sous des règles déjà approuvées par vous et sous la direction du Frère Gabriel, supérieur, a pris de l'accroissement non seulement dans votre diocèse, mais encore s'est étendue, avec la bénédiction du ciel, dans divers lieux de France et de Savoie.

« Ce cher Frère Nous a présenté, avec sa supplique, les Règles de la dite Société, et en même temps deux autres lettres données, l'une par vous, l'autre par Notre vénérable frère l'Archevêque de Chambéry, par lesquelles vous rendez tous les deux un éclatant témoignage de ce pieux Institut et en demandez instamment l'approbation. En recevant ces documents, Nous nous sommes grandement réjoui dans le Seigneur de trouver un nouvel appui dans des ouvriers qui, sans être promus aux Ordres sacrés, mais seulement liés par des vœux simples renouvelés de trois ans en trois ans, ont choisi la plus humble part, qui est de former les enfants à la piété, de leur apprendre les premiers éléments des sciences, surtout d'être prêts à seconder MM. les Curés et de se consacrer en outre, dans les lieux où ils seront appelés, à d'autres œuvres de religion et de charité.

« Quant à l'approbation de cette Société, voulant agir, suivant la coutume du Saint-Siège, avec la maturité convenable, Nous avons communiqué ces documents à quelques-uns de nos vénérables Frères, les cardinaux de la sainte Eglise romaine qu'un zèle prudent et éclairé rend recommandables, que Nous avons délégués, et qui sont préposés aux Consultations des évêques et des réguliers. Les mêmes cardinaux, après avoir soigneusement et mûrement examiné la chose, comme Nous le leur avons ordonné, ont pensé qu'il fallait surseoir à l'approbation des Règles, afin de pouvoir, par une plus longue épreuve, juger plus sainement de ce qui doit, pour le bien de la Société, y être ajouté ou y être changé ; mais en attendant, ils Nous ont conseillé de vouloir bien approuver dès à présent, la Société elle-même, que rendent recommandable, et la sainteté du but qu'elle se propose, et le dévouement des associés, et l'utilité de leurs travaux déjà reconnue dans plusieurs diocèses.

« En conséquence, d'après le conseil des cardinaux de la sainte Eglise romaine ci-dessus mentionné, et après en avoir sérieusement délibéré Nous-même, Nous approuvons de plein gré et de tout notre cœur, par les présentes lettres, et Nous confirmons par notre autorité apostolique la susdite pieuse Société des Frères de la Sainte-Famille qui, sous la direction d'un seul Frère supérieur, et sous l'entière dépendance des Ordinaires des lieux, se vouent à toutes sortes de bonnes œuvres, mais surtout à l'instruction de la jeunesse. Les dits Frères continueront à émettre des vœux temporaires, jusqu'à ce que le Saint-Siège, en prononçant sur les Règles proposées, quand il le jugera à propos pour la gloire du Seigneur, en ait décidé autrement. Ainsi Nous confirmons et Nous sanctionnons cette décision, nonobstant toute décision contraire.

« Enfin Nous prions humblement le Seigneur de répandre sur vous, vénérable Frère, l'abondance des grâces célestes et de vous accorder toutes sortes de prospérités, ainsi qu'à Notre cher fils Gabriel et à tous les associés de ce pieux Institut, et Nous vous donnons, de tout Notre cœur et avec la plus tendre affection, Notre bénédiction apostolique.

« Donné à Rome, à Sainte-Marie-Majeure, le 28 août de l'année 1841, la onzième de notre pontificat.

« GRÉGOIRE XVI, *pape*. »

Des félicitations sur le succès de son voyage en arrivant de partout au Fondateur, en même temps qu'elles lui prouvaient l'intérêt que l'on portait à son œuvre, étaient d'un bon augure pour sa prospérité. Lui-même s'empressa de communiquer l'excellente nouvelle à son vieil ami, l'abbé Roland, lui demandant de venir prêcher l'année suivante la retraite de la Communauté, ainsi qu'à l'abbé Mermillod, curé de Belleydoux, pour lequel il avait obtenu à Rome certaines faveurs spirituelles et de précieuses reliques.

Le moment de la retraite annuelle approchait, et il fallait fournir aux retraitants un gîte et la literie indispensable. Ce n'était pas chose facile, car nombreux était devenu le Noviciat ; on en jugera par ce fait que, le jour de la clôture des saints exercices, vingt-cinq jeunes gens prirent part à l'une ou à l'autre des cérémonies de vêture et de profession qui eurent lieu à cette occasion.

Or, la situation financière n'était rien moins que belle, pour la Congrégation, en 1841. Les frais du voyage de Rome, ajoutés aux dépenses ordinaires, avaient plus qu'épuisé les ressources du pauvre Supérieur, bien que les novices apportassent maintenant presque tous de quoi payer au moins leur pension. Il se trouva, en conséquence, acculé à la dure nécessité de contracter un emprunt de deux mille francs.

A la fin de l'année 1841, de nouveaux établissements furent créés, parmi lesquels celui de Saint-Jeoire, dans le Faucigny (Haute-Savoie), dont la direction fut confiée au Frère Amédée. Ce religieux, de son nom de famille Charles Depernex, né à Avressieux (Savoie), était arrivé au Noviciat de Belmont en 1840. Dès la fin de la même année, il avait été envoyé, en qualité de Directeur à La Motte-Servolex. En le conduisant à son nouveau poste de Saint-Jeoire, le Frère Gabriel lui annonça qu'il serait un jour son successeur dans la charge de Supérieur général de l'Institut. Une telle prédiction parut bien étrange en ce moment à celui auquel elle s'adressait. Et pourtant l'avenir s'est chargé de la réaliser. Dès 1852, nous voyons le Frère Amédée au nombre des capitulants avec la qualité de Vice-Supérieur. Il fut, à ce titre, le bras droit du vénéré Fondateur ; il l'assista avec un dévouement tout filial à ses derniers moments, et il fut désigné par les suffrages de ses confrères pour le remplacer à la tête de la Congrégation quand il eut plu à Dieu de couronner au ciel son serviteur.

L'approbation pontificale avait rempli le vénéré Fondateur d'une ardeur nouvelle pour l'accroissement de son Institut. Il fallait à tout prix conserver les sujets que la divine Providence lui avait envoyés. C'est à ce but qu'il tendit activement dès son retour de Rome. La Société comprenait déjà une cinquantaine de membres, soit novices, soit profès et, jusque-là, en Savoie, les instituteurs demeuraient astreints au service mili-

Façade donnant sur la rue du Chapitre

Entrée de la Maison-Mère

Fenêtres de la chambre du Frère Gabriel.

taire ; c'est à peine si, par exception, sur recommandation spéciale de Mgr Martinet et de son successeur, Mgr Billiet, deux ou trois Frères en avaient été exemptés. Or, six jeunes savoyards devaient tirer au sort en 1841. Sur le conseil de l'archevêque de Chambéry et avec une recommandation de sa part, le Frère Gabriel adressa au roi de Sardaigne, à l'effet d'obtenir pour les membres de la Sainte-Famille, l'exonération de cette obligation, une première supplique qui ne fut pas agréée, parce que le Bref d'approbation de l'Institut n'était pas encore parvenu à l'évêque de Belley et que le Gouvernement sarde ne voulait favoriser que les Congrégations dûment approuvées par l'Eglise.

Dès que le document officiel eut été reçu par Mgr Devie, communication en fut donnée à l'archevêque de Chambéry, lequel engagea le Fondateur à solliciter du roi de Sardaigne l'approbation de la Sainte-Famille, ce qui faciliterait ensuite singulièrement l'obtention de l'exemption du service militaire. En conséquence, le Frère Gabriel se rendit à Turin et put, dans une audience particulière, remettre sa requête écrite entre les mains du Souverain qui l'assura que des ordres seraient donnés pour qu'il y fût fait droit, ce qui eut lieu en effet. Le décret de l'approbation royale porte la date du 31 mai 1842, et celui de son entérinement au Sénat de Chambéry, celle du 14 juin suivant.

Enhardi par ce succès, le Supérieur général se décida à revenir à la charge pour obtenir en faveur de ses Frères originaires de la Savoie, l'exemption de servir à l'armée. L'archevêque de

Chambéry, l'évêque de Maurienne, le marquis Costa de Beauregard, dont il implorait l'entremise, le dissuadaient d'une telle démarche. Intimement convaincus que le moment n'était pas favorable, ils voulaient lui éviter un échec certain d'avance à leurs yeux, étant donné les sentiments bien connus du ministre de la Guerre, M. de Villamarina, opposé à toute exception de ce genre. Tout fut inutile ; le Frère alla à Turin en solliciteur.

Or, Dieu, qui tient entre ses mains les cœurs des hommes, et qui les dispose à son gré pour l'accomplissement de ses desseins, changea complètement celui du Ministre. Dans la première audience qu'il accorda au Supérieur de la Sainte-Famille, il accueillit par ces paroles la supplique qui lui était présentée : « Vos Frères font trop de bien pour qu'on leur refuse la faveur que vous sollicitez. Soyez tranquille, je serai votre avocat auprès du Roi et du Conseil d'Etat, et votre demande sera agréée. »

Une fois sa parole donnée, M. de Villamarina fit marcher l'affaire militairement, car peu de jours après, le Fondateur recevait la grâce implorée.

C'est à ce dernier voyage dans la capitale du Piémont que vraisemblablement se rapporte le fait suivant :

L'intrépide Fondateur avait pris place dans la voiture publique de Chambéry. Arrivé au relai de Saint-Jean-de-Maurienne, il crut avoir le temps d'aller saluer Mgr Vibert ; quand il revint de l'Evêché, le coche était déjà loin. Obligé d'être rendu à Turin pour une heure déterminée, **force** lui fut d'user d'une voiture particulière. Surpris par la nuit entre Modane et Lanslebourg, il eut à essuyer un violent orage avec pluie torrentielle, qui renversa son véhicule. Pour comble d'infortune, on était dépourvu de lanterne et, comme on savait la route bordée de précipices, de crainte d'y tomber, on n'osait se remuer pour redresser la voiture. Aussi le cocher, à l'instar de ses pareils en semblables circonstances, s'échappait-il en affreux blasphèmes. « Malheureux, lui dit son pieux compagnon, vous nous dites en danger de périr et vous blasphémez Dieu ! Priez-le donc plutôt, comme je le fais moi-même. — Est-ce que Dieu, répond cet homme emporté, viendra nous tirer d'affaire? — Il le peut certainement, et il le fera si nous le lui demandons. » Au même instant un long et brillant éclair permit aux voyageurs d'apercevoir l'abîme qui s'étendait à leurs pieds et la route où ils devaient se diriger. En un clin d'œil la voiture est relevée et le voyage s'achève sans nouvel incident. Le Frère Gabriel profita de cette occasion pour insister auprès du cocher sur l'obligation de recourir à Dieu, au lieu de l'outrager, lorsqu'il nous envoie quelque revers.

Au mois de février 1842, M. l'abbé Pajean, curé de Montmélian, qui désirait avoir des Frères pour sa paroisse, avait demandé des prières à la Communauté de Belley en vue d'obtenir, par l'intercession de la Sainte Famille de Nazareth, la levée des obstacles qui s'opposaient à la réalisation de son pieux dessein. Le Supérieur, en même temps qu'il l'assura du concours sollicité, exalta l'efficacité du patronage que le bon prêtre avait choisi, alléguant à titre d'exemple, sa propre histoire en ces termes : « J'ai formé notre Société sous les auspices de la Sainte Famille, sans autre ressource que celle qu'Elle-même possédait dans l'étable de Bethléem. Grâce à la Sainte Famille, tout marche bien ; notre Société va prospérant, Marie, notre mère commune a souvent dit à son Fils que nous n'avions point de vin et que nous avions très peu de pain pour une grande Communauté ; mais ce Sauveur aimable et toujours plein de charité multiplie chaque jour le pain pour nous, comme il le fit autrefois dans le désert, et il nous donne aussi du vin, comme il en donna aux noces de Cana. Le bon Saint Joseph nous a procuré une maison. Je ne serais pas non plus surpris, ajoutait-il, que la Sainte Famille vous accordât aussi des Frères pour le service de votre école, de votre église et de votre hôpital. » De fait, M. Pajean voyait ses désirs réalisés au mois de septembre suivant.

A la retraite de la même année, selon ce qui avait été concerté à Rome et à l'Evêché de Belley, les Frères de la Sainte-Famille prirent le rabat bleu, ce qui les distingua plus sensiblement des ecclésiastiques.

Chapitre V

Extension de la Congrégation

Projet d'un Noviciat en Savoie. — Agrandissement à Belley. — Toujours pauvres. — Fausse accusation. — La nouvelle chapelle.

A l'époque où nous a conduits la trame de notre récit, des sentiments profondément religieux régnaient dans la Savoie. Les bons exemples y partaient de haut. Le chef de l'Etat et les autres dépositaires du pouvoir étaient eux-mêmes de vrais chrétiens. L'épiscopat savoyard, représenté par les Martinet, les Billiet, les Rey, les de Thiollaz, les Turinaz, faisait revivre aux yeux des populations le zèle, la bonté, la fermeté, en un mot toutes les vertus des évêques des premiers siècles de l'Eglise. Le clergé, soutenu par les exemples austères des vétérans du sacerdoce, dont plusieurs avaient été des confesseurs de la foi, cicatrisait peu à peu les blessures faites aux âmes par la Révolution et déjà une heureuse réaction pour le bien s'était opérée. Les curés sentaient le besoin, pour la jeunesse, d'une solide éducation chrétienne, et les parents secondaient les vues de leurs pasteurs.

On arrachait, pour ainsi dire à leur Supérieur les jeunes religieux à demi formés, et le zèle qu'apportaient les prêtres à favoriser les vocations religieuses égalait leur ardeur à en réclamer les services, dès que les sujets étaient prêts à entrer en fonctions. Aussi, grâce à la bonté divine, la Congrégation de la Sainte-Famille prenait-elle de l'extension. Dès 1844, les diocèses d'Annecy, de Chambéry, de Saint-Jean-de-Maurienne dans la Savoie, et ceux de Belley, de Besançon, de Saint-Claude, de Dijon, de Grenoble et de Valence en France, possédaient des établissements de ses Frères.

Depuis l'approbation de l'Institut par le roi Charles-Albert, le Fondateur songeait sérieusement à établir une maison secondaire de noviciat en Savoie, et, en vue de cette fondation éventuelle, de divers lieux, tels que Contamine, Sixt, Evian, Hautecombe, Saint-Innocent, Le Châtelard-en-Bauges, il reçut des offres de donation ou d'achat. Mais, ou bien les immeubles proposés ne répondaient pas à ses vues, ou bien ils eussent nécessité de trop fortes dépenses pour être appropriés à leur nouvelle destination.

A La Motte-Servolex, en particulier, où déjà les Frères de la Sainte-Famille dirigeaient l'école communale depuis 1836, M. le Curé et M. le marquis Costa de Beauregard souhaitaient ardemment posséder une maison de novices. Dans ce but, la famille Costa s'offrit à vendre au Supérieur un château et ses dépendances pour une certaine somme à verser, et à la condition que les enfants de la commune, qui comptait alors plus de trois mille âmes, recevraient gratuitement l'instruction par les Frères. Tout bien examiné et pesé, après un voyage fait sur les lieux par lui-même, de l'avis de Mgr Billiet, de Mgr Devie et du Conseil de l'Institut, le Frère Gabriel refusa de réaliser l'établissement en question, par manque, tant de ressources pécuniaires que de personnel apte à diriger une semblable maison. Cette décision ne fut pas du goût de quelques religieux savoyards, jeunes et inexpérimentés, incapables par conséquent d'apprécier les raisons qui avaient dicté la conduite de leur Supérieur. Ils eussent désiré voir transférer à La Motte-Servolex la Maison-Mère de Belley, ce que le Fondateur ne pouvait faire sans de très graves inconvénients, entre autres, celui de se rendre coupable d'ingratitude envers son évêque.

Les propositions rejetées par la Sainte-Famille furent présentées ensuite aux Frères des Ecoles chrétiennes, qui, plus en mesure de faire face à la situation, les acceptèrent. Le Frère Gabriel éprouva à cette occasion une peine très sensible, non pas de ne pas fonder à La Motte un Noviciat, ce qui lui était impossible pour le moment, mais de perdre le premier poste qu'il avait établi en Savoie, et surtout de ne pouvoir répondre au désir et aux bienveillantes intentions de M. le marquis Costa de Beauregard qui, en toute occasion, lui avait accordé son puissant appui auprès du Roi et de ses ministres.

La perspective de fonder en Savoie une maison secondaire étant évanouie, on s'occupa d'agrandir la résidence de Belley, bien qu'on n'eût pu encore achever de payer la partie achetée de M. Maret en 1840. Une maison attenante, avec cour, jardin et clos, propriété des demoiselles Manjeot, qui y tenaient un pensionnat, convenait merveilleusement. L'acquisition en fut faite en 1844 pour le prix de trente-six mille francs, qui ne purent être entièrement soldés qu'en 1861.

Sans tarder, on procéda à l'installation d'un dortoir et d'un réfectoire devenus indispensables pour les vacances qui devaient suivre, et à l'aménagement de tout l'immeuble. Les Frères y travaillèrent avec une ardeur sans égale. Les études, sans doute, durent s'en ressentir, mais on ne pouvait guère agir autrement, les fonds manquant pour permettre d'employer des bras étrangers. Sans cette extrême pénurie, les appropriations eussent été faites sur un plan plus conforme à la destination de la maison qui, par suite, n'aurait pas tant laissé à désirer dans la distribution de ses parties. Mais le prudent Supérieur, craignant d'endetter sa Congrégation, n'opérait les réparations que peu à peu. Il ne put même les achever que l'année de sa mort.

Il est à remarquer que, contrairement à ce qui arrive d'ordinaire aux autres Instituts, celui de la Sainte-Famille n'a jamais reçu un don de quelque importance. On peut dire que les augustes Patrons sous le vocable desquels il a été placé ont voulu le tenir dans la pauvreté et l'humilité. C'est un fait que le Frère Gabriel a toujours vécu au jour le jour, la Providence lui donnant seulement les moyens d'abriter modestement et de nourrir frugalement ses enfants, au fur et à mesure qu'ils se multipliaient.

Qu'on juge après cela de la souveraine injustice de certaines personnes, voire de **membres du clergé**, qui l'ont parfois accusé d'exiger d'une façon trop rigoureuse les rétributions convenues d'avance soit pour le salaire des Frères, soit pour l'entretien des jeunes gens admis au Noviciat. Relativement au salaire des Frères employés au dehors, qu'y avait-il donc d'excessif dans la misérable somme de deux cents francs à fournir pour chaque sujet annuellement, en outre de la nourriture et du logement, par les communes ou les fondateurs d'établissements? Que restait-il à la Communauté après qu'elle avait pourvu, sur ces maigres appointements, aux frais d'habillement, de voyage pour la retraite et d'entretien pendant les jours de vacances passés à la Maison-Mère? Et quant aux mille francs requis des postulants à leur entrée au Noviciat n'étaient-ils pas facilement épuisés tant par le trousseau dont les munissait la Congrégation, que par la pension qu'elle leur accordait durant toute une année? Il eut été sans doute plus agréable pour tous que l'Institut se fût trouvé en état de recevoir gratuitement ceux qui aspiraient à entrer dans son sein, mais son manque de ressources ne lui permettait pas cette générosité. D'ailleurs il ne forçait personne à venir à lui. Les prétendants, toujours informés loyalement d'avance des conditions d'admission, étaient libres d'aller se présenter à d'autres Communautés qui leur eussent paru plus accommodantes sous ce rapport.

Le Fondateur avait vivement à cœur de posséder une véritable chapelle. Jusqu'alors une salle ordinaire aménagée le moins mal possible, en avait tenu lieu et maintenant cette pièce n'offrait même plus de place suffisante. Il se hâta donc de faire restaurer l'ancienne chapelle de Saint Vincent, enclose dans la récente acquisition et y adjoignit une chambre voisine. La bénédiction en fut faite par Mgr Devie assisté de trois autres prélats, le 2 septembre 1844 et on put, pendant les vacances, y célébrer les saints offices et y donner la retraite annuelle, ainsi que le Père de famille avait eu la joie de l'annoncer à ses fils spirituels, en les convoquant aux saints exercices.

CHAPITRE VI

La formation religieuse

Au Noviciat. — Le secours de la Règle. — Rapports du Supérieur avec ses sujets. — Concours des prêtres étrangers. — Suppression d'abus. — Les fugitifs. — Disparition des Frères servants. — Professions perpétuelles.

Si préoccupé qu'il fût de loger et de nourrir les siens, le Fondateur avait encore davantage à cœur d'en faire d'excellents sujets. Aussi ne négligeait-il rien pour les rendre aptes à pratiquer le plus parfaitement possible les devoirs de leur belle vocation. Frères éducateurs, une double formation leur était nécessaire : la formation religieuse et la formation pédagogique. A réaliser la première tendait, avant tout, le Noviciat.

Pendant une année entière, et même davantage, si le Supérieur y consentait, les postulants, âgés de quinze à trente ans, s'appliquaient dans le silence, l'étude de leur vocation et le travail tant intellectuel que manuel, à l'acquisition des vertus chrétiennes, principalement de celles de pauvreté, de chasteté et d'obéissance, qu'ils devaient, à la fin de ce temps d'épreuve, s'engager devant Dieu et leur Supérieur, à pratiquer avec fidélité et persévérance. Au cours de cette sorte d'apprentissage de la vie religieuse, les novices étaient déjà astreints à toutes les pratiques spirituelles qu'ils auraient à accomplir après leur profession, notamment à la coulpe, qui consiste à faire à son Supérieur, en présence de ses confrères, l'aveu des fautes extérieures qu'on a commises principalement contre la règle, et à recevoir humblement les observations et les monitions opportunes. Le Fondateur présidait lui-même cet exercice, et un témoin oculaire a raconté qu'au temps même où il n'avait qu'une dizaine de novices, il y consacrait parfois une heure et demie, son zèle pour leur avancement dans la vertu lui faisant oublier le temps, qu'il ne pouvait d'ailleurs mieux employer qu'à réformer leurs défauts.

L'entrée en religion étant consommée par la profession, il s'agira pour le Frère d'être employé dans le monde aux œuvres de son Institut. Va-t-il s'y trouver dépourvu de secours en face des nombreux dangers pour son âme qu'il rencontrera sûrement? Non, certes. Les Constitutions que le Fondateur a rédigées avec une sagesse admirable, et que le nouveau religieux emporte avec lui, seront la lumière qui dirigera ses pas dans la bonne voie et le rempart qui le protégera contre tous les assauts. Tout, en effet, y a été prévu. Les exercices de piété y sont déterminés. Ce sont : chaque jour, les prières du matin et du soir, la méditation, la sainte messe, le triple examen de prévoyance au début de la journée, particulier au milieu, général à la fin : la lecture spirituelle, la

visite au Saint Sacrement, la récitation du chapelet et d'une partie de l'office de la Sainte Vierge ;
chaque semaine, une fois la coulpe et plusieurs
fois la communion ; au moins tous les quinze
jours, la confession ; chaque mois, le chemin de
la Croix ; enfin, chaque année, la retraite faite à
la Maison-Mère.

De plus, les Constitutions tracent au religieux
les occupations auxquelles il lui faut se livrer et
lui apprennent les relations qu'il doit entretenir
et celles qu'il est obligé de fuir. En même temps
qu'elles lui dictent son devoir, elles l'éclairent
sur la manière de s'en bien acquitter. Dans la
seconde édition qu'il en a donnée en 1858, le
Frère Gabriel y a intercalé des considérations
pieuses puisées dans les meilleurs ouvrages de
spiritualité. En ce qui touche les vœux, les vertus
chrétiennes et religieuses, il a su, comme une
abeille industrieuse, butiner dans les auteurs ascé-
tiques et en extraire le suc de ce qu'ils ont écrit
de plus excellent sur ces matières.

Ainsi, même au loin, les Frères trouvaient dans
leur règle la direction et l'appui dont ils avaient
besoin non seulement pour persévérer, mais pour
progresser dans l'état de perfection qu'ils avaient
librement embrassé. Leur Supérieur, du reste, ne
laissait pas de correspondre soit avec eux-mêmes,
soit avec les personnes qui les occupaient ; il leur
adressait au moins une circulaire par an et les
visitait aussi souvent qu'il pouvait. Il n'hésitait
pas, au besoin, à demander à MM. les Curés des
localités où résidaient ses sujets, de vouloir bien
les encourager, les diriger, les reprendre même,
s'il y avait lieu. Ayant appris que les Frères éta-

blis au Pont-de-Beauvoisin, tout en s'acquittant parfaitement de leurs fonctions d'instituteurs, n'observaient pas, comme ils le devaient, leur règle de religieux, le zélé Fondateur fit appel au concours du pasteur de la paroisse pour les ramener à l'exacte pratique de leurs saintes obligations.

Loin de s'en froisser, il accueillait avec reconnaissance les réflexions que certains personnages jugeaient à propos de lui soumettre, pour le plus grand bien de son Institut. M. Pajean, curé de Montmélian, lui avait écrit : « Si vous voulez me permettre un avis, j'engagerais vos jeunes gens à progresser sérieusement dans la pratique de l'oraison ou méditation, pour s'éclairer au soleil de la vérité ; et à vaquer avec soin à l'examen de conscience, pour se mesurer à notre grand modèle, Jésus-Christ. Je leur permettrais au moins une communion de plus par semaine. Des jeunes gens qui sont jetés au milieu du monde, de ses passions et de ses scandales, qui, d'ailleurs, sont fatigués par un travail dissipant et lassant pour l'âme et pour le corps, ont besoin d'une nourriture substantielle et fréquente : la sainte communion. »

Non content de remercier son vénérable correspondant, le Supérieur de la Sainte-Famille l'invita à prêcher la retraite annuelle, ce qu'il fit, en effet, avec grand profit pour ses auditeurs.

Dès qu'un abus se produisait, le Frère Gabriel s'empressait d'y remédier. D'après la première édition de la Règle, il était permis aux Frères d'établissements rapprochés de se visiter de temps à autre, « afin de se maintenir, de s'entr'édifier, de s'instruire, de se confirmer dans la pratique des règles et de s'animer à accomplir de mieux en mieux leurs devoirs. » Faites selon cet esprit, les visites avaient leur utilité. Malheureusement il arriva qu'on en dévia. Dès 1848, on prévenait le Fondateur que les Frères de deux établissements se nuisaient mutuellement, par suite de leurs fréquentes visites. Ce n'était, hélas ! que trop **vrai** ; les deux sujets signalés finirent par abandonner leur vocation. Pour porter remède, au moins **en** partie, à ce mal, le Supérieur, dans sa seconde édition des Constitutions, restreignit le nombre des visites, à une par mois et à la condition que la distance à parcourir ne dépassât pas quinze kilomètres. S'il ne voulait pas supprimer complètement ce qu'il avait accordé d'abord, c'est que les visites en question étaient une source de précieux avantages pour les Frères pieux, réguliers, franchement attachés à leur devoir, qui y trouvaient, les jeunes surtout, les leçons de l'expérience, des conseils autorisés et de salutaires encouragements.

A une époque où l'esprit du monde, le mot de liberté, l'espoir du gain faisaient tourner les **têtes** faibles, l'insubordination qui éclatait dans toutes les classes, franchissait même les murs des monastères. Le pieux Supérieur en gémissait et **s'en** ouvrait aux autorités ecclésiastiques et aux **amis** de sa Congrégation. Plusieurs années de suite, **en** appelant des prédicateurs à donner la **retraite**, il les prévenait de cette plaie, les priant de la combattre dans leurs instructions, selon leur **sagesse**.

Pendant quelques années deux ecclésiastiques, complètement ignorants des lois de l'Eglise **en** cette matière, prétendaient dispenser en confession, de leurs vœux de religion, certains Frères qui s'adressaient à eux — faculté que ne possèdent même pas les évêques, quand il s'agit, comme c'était le cas pour la Sainte-Famille, d'Instituts approuvés par le Saint-Siège. Mis au courant de cet abus de pouvoir, le Fondateur n'hésita pas à le dénoncer aux évêques qui pouvaient le faire cesser et expliqua aux siens la vraie doctrine sur ce point, dans la seconde édition de la Règle.

Sachant que les vœux religieux même simples, temporaires et émis dans une Congrégation uniquement approuvée par l'autorité diocésaine, telle qu'était la Sainte-Famille avant le Bref pontifical du 28 août 1841, constituent des engagements sacrés dont on ne peut être délié que pour des raisons graves, le Frère Gabriel ne comprenait pas qu'on voulût s'en affranchir pour de futiles motifs, comme l'ennui, le dégoût, le désir des parents, ou autres semblables. Aussi ne donnait-il que rarement son consentement à une demande de dispense présentée à l'autorité ecclésiastique, dans la crainte que le suppliant ne fût pas relevé de ses vœux devant Dieu, pour insuffisance de raisons.

Il permit à quelques Frères, après de longues sollicitations de leur part, d'entrer dans un Ordre plus austère, mais ce ne fut jamais sans leur avoir montré la gravité d'un tel acte. Il était trop convaincu, qu'à moins de vues spéciales de la Providence, chacun doit rester dans l'état où Dieu l'a placé. Les événements faisaient voir dans la suite qu'il avait raison. A part deux ou trois sujets qui sont morts à la Trappe, les autres, après quelques mois d'essai dans l'un de ces Ordres sévères, imploraient la faveur de revenir auprès de leur premier père, qui les recevait toujours avec bonté.

S'il admettait difficilement qu'un religieux quittât son Institut pour un autre plus parfait, sauf pour des raisons de salut, encore moins comprenait-il qu'il l'échangeât contre un moins austère. A un Chartreux qui avait demandé à être reçu dans la Sainte-Famille, en qualité de Frère servant, il répondit qu'il devait avant tout s'assurer si son dessein venait vraiment de Dieu, en recourant aux lumières du Saint-Esprit et en s'en remettant à la décision de son confesseur et de ses supérieurs. Le postulant suivit ce sage conseil et resta à la Grande-Chartreuse.

Quant aux malheureux qui s'étaient attiré l'expulsion de la Congrégation, ou qui l'avaient quittée d'eux-mêmes sans motif légitime, le Fondateur ressentait à leur égard une tendre pitié. A moins qu'ils ne voulussent rompre tout rapport avec lui, il ne les perdait pas de vue et les aidait de ses conseils dans leurs difficultés et leurs embarras.

L'expérience des premières années de l'Institut avait montré que ceux des Frères qui étaient envoyés dans un poste pour l'occuper seuls étaient particulièrement exposés à perdre leur vocation. Pour parer à ce péril, il fut inséré dans la Règle l'article suivant : « Les Frères ne sont placés seuls qu'autant qu'on n'y voit aucun danger pour eux et qu'ils seront près de quelques autres Frères avec lesquels ils puissent se voir fréquemment et s'entr'édifier. Un Frère ne peut être ainsi placé que lorsqu'il est arrivé à un âge mûr, et que le curé

MAISON-MÈRE ET JUVÉNAT, A BELLEY

du lieu consent à ce qu'il loge et mange au presbytère. Lorsqu'un Frère est placé seul, il dépend du Frère Directeur de l'établissement le plus près. »

Ce fut également le souci de la persévérance des religieux dans l'Institut, qui fit supprimer la catégorie des Frères servants ou convers. Dès les commencements de la Congrégation, on avait insinué au Fondateur qu'il serait utile de former des Frères pour les emplois manuels des séminaires. L'abbé Roland surtout, son cher ami du Jura, lui en faisait ressortir les avantages pour le bien de ces établissements. Comme il se présentait au Noviciat un certain nombre de jeunes gens qui n'auraient pu acquérir les connaissances nécessaires pour faire la classe, le Frère Gabriel finit par entrer dans ces vues. Il annonça cette décision à M. Roland, lui faisant observer qu'il en était l'instigateur et que si l'entreprise projetée ne devait pas produire de bons résultats, il en porterait la principale responsabilité. Il forma donc quelques-uns de ces établissements, notamment à Grenoble, au Petit Séminaire du Rondeau, à Romans, à Montciel (Jura), à Bonneville (Haute-Savoie).

La suite ne répondit pas à l'attente du Fondateur. Outre que ces sortes d'emplois s'accordaient peu avec le costume de ceux qui les remplissaient, lequel ne différait guère de celui des Frères enseignants [1], des réclamations furent présentées par les familles de certains sujets ; les Frères eux-

---

[1] Il se composait d'une soutanelle, d'un chapeau rond et d'une croix semblable à celle des autres Frères.

mêmes se regardaient comme moins bien partagés que les autres membres de l'Institut et aspiraient à des occupations plus conformes à leurs goûts, et, faut-il le dire ? peut-être aussi moins contraires à leur amour-propre. Enfin, et surtout cette situation amenait un certain nombre de religieux à se décourager et à quitter leur vocation. La suppression des Frères servants fut résolue. Leur disparition donna lieu à la fondation d'établissements de Frères sacristains dans les grandes villes où ils furent employés en partie. Ils prirent dès lors le même costume que les Frères enseignants.

Jusqu'en 1844, le Supérieur de la Sainte-Famille avait seul des vœux perpétuels. Sentant que des engagements de trois ans renouvelables annuellement n'offraient pas toute la garantie de stabilité désirable, du consentement de Mgr Devie et de concert avec le Conseil de la Congrégation, il régla que les sujets désireux de se fixer pour toujours dans l'Institut seraient désormais admis, moyennant l'approbation du Conseil, à émettre des vœux perpétuels, ce qui commença à se pratiquer à la fin de la retraite de cette année. C'était aller au devant du désir des Frères, car, en cette circonstance, on en compta dix-huit qui se donnèrent à Dieu pour toujours, à la grande joie de leur bien-aimé père.

Le Bref d'approbation de Grégoire XVI ne faisait mention que de vœux temporaires, mais le Saint-Siège fut dûment informé de l'introduction dans l'Institut de la profession perpétuelle. On a une preuve péremptoire qu'il daigna sanctionner cette innovation dans ce fait que, en 1869, un

Frère ayant prétendu que ses vœux dans la Congrégation de la Sainte-Famille étaient nuls, comme non autorisés par le Bref pontifical de 1841, la Sainte Congrégation des Evêques et Réguliers, officiellement saisie de la question, prononça en faveur de leur validité.

***

CHAPITRE VII

La préparation pédagogique

Prescriptions des Constitutions. — Le Frère Gabriel auteur. — L'examen de Chambéry. — Le diplôme savoyard. — A l'Ecole de méthode. — Témoignage en faveur des Frères.

A la Sainte-Famille, la formation de l'éducateur allait de pair avec celle du religieux. Dès le Noviciat, des moments déterminés étaient consacrés à étudier les matières que le futur maître pourrait être appelé à enseigner et qui comprenaient, selon la teneur de la Règle : « la doctrine chrétienne, la lecture, l'écriture, la grammaire, l'arithmétique, l'histoire, la géographie, la cosmographie, le dessin, la tenue des livres, le plain-chant, la musique et généralement ce qui concerne l'instruction et l'éducation de la jeunesse. » En même temps qu'elles décrivaient la manière de bien remplir les fonctions de catéchiste, de chantre et de sacristain, les Constitutions entraient dans les détails les plus minutieux et les plus pratiques sur les qualités nécessaires à l'instituteur, les méthodes à suivre dans l'enseignement, l'organisation, l'ordre, les exercices et même le matériel des classes.

Pour faciliter à ses Frères leur besogne éducatrice, leur digne Fondateur, malgré ses occupations nombreuses et absorbantes, ne recula pas devant la peine d'écrire des livres à mettre aux mains des enfants de leurs écoles.

Avant 1844, l'Institut ne possédait encore aucun ouvrage classique fait spécialement pour son usage. A cette époque, le Frère Gabriel entreprit la composition d'un livre de lecture pour les élèves des Frères, ayant pour titre : *Chemin de la Sanctification*, lequel, dans la pensée de son auteur, devait servir à diverses fins et épargner l'achat de plusieurs autres livres. La première partie de cet ouvrage, qui a proprement pour but de fournir des exercices de lecture, traite de l'existence de Dieu, des grandes vérités de la Religion, du décalogue et des commandements de l'Eglise, des Sacrements, des devoirs de l'homme dans les principales fonctions auxquelles il peut être appelé, etc. Cette partie, qui est la principale, a un mérite réel, pouvant servir de texte de lecture spirituelle aux parents eux-mêmes le dimanche. La doctrine en est sûre, les épreuves en ayant été, au fur et à mesure qu'elles paraissaient, revues et retouchées au besoin par Mgr Devie, et le style en est correct et aussi attrayant que le comportent les sujets traités.

La deuxième partie renferme les formules de prières du matin et du soir, l'ordinaire de la messe en français, l'exposé des dispositions à apporter à la réception des sacrements de Pénitence et d'Eucharistie, ainsi que les prières et les exercices propres à procurer ces dispositions.

La troisième partie contient le texte latin de l'ordinaire de la messe, des offices du dimanche et des principales fêtes de l'année, des hymnes, des proses, etc... ; elle tient lieu du psautier.

Enfin dans la quatrième partie se trouve un choix des cantiques alors en usage et quelques autres nouvellement composés, presque tous avec refrain.

Cet ouvrage, comme tant d'autres d'une valeur réelle, n'a pas, vu les tendances de l'époque, satisfait le goût des maîtres du jour. On a préféré, pour la jeunesse, des livres agréables, amusants, instructifs, sans doute, mais qui ne laissent dans le cœur aucun de ces sentiments nobles, élevés que produisent les enseignements de la Religion.

L'auteur reçut, pour son œuvre, de précieuses félicitations, notamment de la part de Mgr Vibert, évêque de Saint-Jean-de-Maurienne. Quelques années plus tard, il fit paraître une grammaire française et un nouveau livre de lectures intitulé *Trésor des Ecoles*. L'introduction de livres étrangers dans les Etats sardes était alors grevée de lourds frais de douane. Le Supérieur de la Sainte-Famille obtint du roi d'en importer en Savoie pour les élèves des Frères, une quantité déterminée en franchise de droits.

Jusqu'en 1848, le brevet de capacité n'était pas exigé pour enseigner en Savoie ; une autorisation toujours renouvelable du Magistrat de la Réforme des Etudes suffisait. Avant de l'accorder, on s'assurait sommairement de l'instruction du postulant, mais ce n'était pas là un examen proprement dit, et généralement les instituteurs congréganistes n'étaient pas astreints à cette formalité. Le pieux Fondateur, tant afin d'exciter l'émulation dans sa Communauté que de faire savoir au public que les Frères possédaient les connaissances requises pour enseigner avec fruit, pria Mgr l'Archevêque de Chambéry de vouloir bien, à la fin de l'année scolaire, leur faire passer un examen sur les matières du programme de l'enseignement primaire.

Le prélat s'entendit avec le Magistrat de la Réforme des Etudes, qui était alors le sénateur Cappier, et fixa l'examen au 17 septembre. Les Frères s'y rendirent au nombre de quarante et furent logés et nourris au Grand Séminaire que Sa Grandeur daigna mettre à leur disposition. Le Frère Gabriel, accompagné de l'aumônier de Belley, l'abbé Gourmand, attendait à Chambéry ses enfants accourant de tous les points de la Savoie.

L'examen, présidé par l'Archevêque, assisté de son Vicaire général et du Maître de la Réforme, dura de sept heures du matin à une heure trois quarts de l'après-midi. Le résultat en fut satisfaisant. Tous ne brillèrent pas au même degré, mais tous firent preuve de la capacité requise pour enseigner fructueusement ; quelques-uns présentèrent des tracés géométriques et des travaux de calligraphie remarquables et qui excitèrent l'admiration des examinateurs.

Il fallait que le Fondateur comptât beaucoup sur l'application de ses Frères, pour avoir osé prendre l'initiative de cet examen. La plupart d'entre eux ne restaient que peu de temps au Noviciat ; il n'existait alors que de rares ouvrages concernant l'enseignement classique, et encore était-on trop pauvre pour pouvoir se les procurer. Mais celui que l'on avait choisi, on l'étudiait à fond, on s'en pénétrait, on se l'assimilait. De là ces succès vraiment étonnants constatés annuellement dans les examens et ces solennelles distributions de prix où instituteurs et autorités locales rivalisaient pour exciter l'émulation des écoliers. De là aussi ces véritables pédagogues, formant de bons élèves, bien qu'ils n'aient pu encore étudier ce qu'on a pompeusement appelé depuis, les Traités de pédagogie. En cela, les Frères de la Sainte-Famille ne faisaient du reste que suivre les exemples de leur digne Supérieur qui, sans avoir lui-même connu les fameux Traités en question, avait fait de ses élèves, sinon des érudits, du moins des jeunes gens capables de se tirer honorablement d'affaire dans les circonstances ordinaires de la vie.

Depuis l'année 1846, les autorités de certaines provinces de la Haute-Savoie requéraient des Frères qu'ils fussent diplômés. Quelques-uns avaient obtempéré à cette exigence. Le Fondateur ne croyait pas qu'on fût obligé de la subir, vu qu'un écrit royal de 1828 en exemptait les religieux. Toutefois, sur la sage représentation du neveu de l'archevêque de Chambéry, M. le chanoine Billiet, membre du Conseil de l'Instruction publique en Savoie, que c'était prudence en vue de l'avenir, de se soumettre à cette réquisition, il engagea les Frères placés en Savoie à préparer leur examen et à se présenter devant le Conseil de la Réforme de leurs provinces respectives, à la première occasion favorable. Il envoya lui-même à Chambéry, à cette fin, quelques-uns des Frères qui se trouvaient à Belley.

Les sujets répondirent à l'appel de leur Supérieur et tous, à peu près, étaient pourvus de leur diplôme vers la fin de 1849. Bien leur en prit, car, peu d'années après, le programme du brevet savoyard fut très chargé, en sorte qu'il était plus difficile à obtenir que le brevet français[1].

Quelques années plus tard, le Ministre de l'Instruction publique de Turin avait ordonné que tous les instituteurs en exercice : prêtres séculiers, congréganistes, laïques, se rendissent dans le chef-lieu de chaque province, pour y suivre un cours de pédagogie dénommé *Ecole de méthode*. Dans ce but, tous les Frères de la Sainte-Famille qui enseignaient en Savoie, au nombre de cinquante-deux, se rendirent le 1er août 1851 à Chambéry. La plupart étaient pourvus de patentes. Ceux même qui, munis du brevet français, exerçaient en Savoie, ne furent pas exemptés d'y aller. Le Frère Amédée fut envoyé de Belley pour diriger ce groupe de religieux qui logèrent au collège national. Les professeurs de l'Ecole de méthode furent à la hauteur de leur tâche. M. Descole, en particulier, fut goûté dans ses leçons de pédagogie, non seulement parce qu'elles donnaient de nouveaux aperçus sur les matières traitées, mais surtout parce qu'il y apportait de l'originalité, du zèle et de la conviction.

A la suite de ce cours, on se contenta d'inscrire

---

[1] Ce fut en 1844 que trois fils du Frère Gabriel inaugurèrent la série des brevets valables pour la France. Pour se préparer d'une façon immédiate à cet examen, ils avaient suivi pendant quelque temps le cours spécial des Petits-Frères de Marie de Saint-Paul-Trois-Châteaux.

sur le diplôme des instituteurs déjà patentés la mention : *Sufficiente profitto*, et on accorda à ceux qui subirent un examen, un brevet beaucoup plus complet que le brevet français.

Les sujets du Frère Gabriel firent encore honneur à leur Institut en la circonstance, car sur les cinquante-deux, un seul n'obtint pas de succès. Ils revinrent à Belley le 11 octobre. Leur Fondateur, qui d'abord avait appréhendé que l'Ecole de méthode ne présentât des inconvénients, n'avait pas tardé à être pleinement rassuré, ainsi que l'atteste ce passage de sa Circulaire du 23 septembre 1851 : « Nous ne pouvons que bénir Dieu et applaudir aux bons résultats de cette Ecole, dont nos Frères sont contents. »

Cette préparation pédagogique surajoutée à la formation religieuse ne pouvait manquer de produire d'heureux résultats. Dans les postes où ils étaient placés, les enfants de la Sainte-Famille faisaient l'édification des prêtres et des fidèles et cultivaient avec fruit la portion de la vigne du Seigneur confiée à leurs soins.

Deux d'entre eux, envoyés à La Rochette y avaient acquis rapidement la sympathie et la confiance universelles. Autant le curé de l'endroit avait été affligé de les voir s'éloigner au bout d'un an, indirectement victimes d'une machination ourdie par une haine qui ne s'adressait pas à leur personne, autant il fut consolé de les récupérer, cinq ans plus tard, redemandés par ceux-là mêmes qui avaient causé leur départ.

De tous côtés, les autorités, soit ecclésiastiques, soit civiles, adressaient au père commun les témoignages les plus flatteurs sur l'édifiante conduite des maîtres et les progrès qu'ils faisaient réaliser à leurs élèves.

On écrivait de Douvaines (Haute-Savoie), en mai 1846 :

« Quoique les bons Frères n'aient ouvert l'école qu'au commencement de ce printemps, on a déjà vu un changement très remarquable parmi la jeunesse de Douvaines, et ce début fait espérer qu'elle saura profiter des utiles et sages leçons que les pieux instituteurs de la Sainte-Famille sont venus lui donner avec un vrai dévouement. Cet Institut satisfait pleinement aux besoins de notre pays et correspond parfaitement aux intentions de notre digne et auguste Monarque. »

Des Echelles (Savoie) :

« Je viens vous remercier, pour la quatrième fois, de tous les services que vous avez rendus à ma paroisse, par le ministère des bons Frères que vous nous avez envoyés. Je vous remercie en particulier du Frère Marin, qui a conquis l'estime de tous, la mienne d'une manière toute spéciale, par sa modestie, sa régularité et sa prudence. »

De Beaune (Côte-d'Or) :

« Nous ne voulons pas laisser partir nos bons Frères sans vous témoigner la haute satisfaction qu'ils nous ont fait éprouver par tous les soins qu'ils ont donnés aux élèves que nous leur avons confiés. Zèle, assiduité continue, intelligence et discernement : telles sont les qualités qui les distinguent entre plusieurs autres, sans qu'on puisse leur reprocher aucun défaut. »

De Randens (Savoie) :

« Nous ne ferons pas un certificat à notre cher Frère P. pour les soins qu'il a prodigués à nos enfants, pour les progrès qui en ont été la conséquence, parce qu'il porte ce certificat avec lui-même. Il a été, du commencement à la fin, un modèle de douceur, de sagesse et de dévouement. »

De Frangy (Haute-Savoie) :

« Je suis heureux, en voyant partir nos Frères pour la retraite, de pouvoir vous dire que l'établissement de Frangy va toujours en mieux. La conduite des maîtres est celle de très bons religieux, et sous ce rapport, ils se sont acquis depuis longtemps la vénération de toute la paroisse. Quant aux progrès des enfants confiés à leurs soins, ils sont beaucoup au delà de ce qu'on pouvait espérer. »

De Saint-Jeoire-en-Faucigny (Haute-Savoie) :

« Je vous prie de me renvoyer vos bons Frères au plus tôt. Quand je devrais leur céder ma chambre, ils ne logeront plus dans un appartement où leur honneur et leur vertu seraient exposés. Si vous pouviez m'envoyer les Frères Amédée et Dorothée, je vous prie de croire que, pour eux, le sacrifice de mon dernier écu me serait infiniment agréable. »

D'Aiguebelle (Savoie) :

« Vous dire l'excellente conduite religieuse tenue par nos bons Frères, les progrès, surtout en écriture, de nos enfants, et la satisfaction du pasteur et du peuple d'Aiguebelle, c'est vous dire autant de vérités que de mots. »

De Sainte-Hélène-du-Lac (Savoie) :

« Il est difficile d'être plus exact observateur de son règlement que ne l'a été le Frère Dorothée, du premier jour au dernier, soit sous le rapport religieux, soit relativement à sa classe, soit avec les habitants de la paroisse, du presbytère et du dehors. »

Chapitre VIII

La Révolution de 1848

L'orage éclate. — Les suites à Belley. — Eloignement momentané des novices. — Appréhension des huissiers. — Contre-coup en Savoie. — Projets contre les Congrégations.

L'année 1848 se présentait sous un heureux aspect : la récolte précédente avait été bonne et tout faisait présager une période de paix et de prospérité. Mais, hélas ! tout à coup, à propos d'une question de réforme électorale, une révolution se déclare à Paris, à la fin de février ; le roi Louis-Philippe prend la fuite et la République est proclamée. La terreur se répand partout. Dans ces jours de désordre, la province, plus encore que la capitale, fut troublée par des gens sans aveu ; des établissements religieux furent envahis et dégradés.

Belley n'échappa pas complètement aux violences des ennemis de la Religion. Leurs exploits y furent toutefois modérés. La grande majorité des habitants de cette ville, naturellement calme, en imposa aux émeutiers. Quelques cris séditieux, des attroupements autour de la maison, quelques pierres lancées contre les portes et les fenêtres : là se bornèrent les démonstrations hostiles contre les Frères de la Sainte-Famille. Des réunions populaires furent tenues par l'avocat Roselli-Mollet, dans leur grand réfectoire que le Supérieur n'avait pas osé lui refuser. Au cours de l'une d'elles, le Président, en réponse à un vicaire qui lui demandait par écrit son avis sur les Congrégations, répondit que, s'il en existait d'inutiles, il s'en trouvait aussi d'utiles, comme celle qui abritait dans ses murs la présente réunion. A partir de ce jour, on ne jeta plus de pierres dans les vitres et on ne cria plus : « A bas les Taborins ! »

Cependant le Fondateur, à l'instar d'autres Congrégations, crut prudent de rendre momentanément la plupart de ses novices à leurs familles. Ils étaient au nombre de quarante, on ne garda que les orphelins. Quelques jeunes profès, excessivement craintifs, demandèrent à retourner également chez eux. L'effectif de la Maison-Mère fut ainsi réduit à vingt-huit personnes. Ce ne fut que vers la fin de 1848, quand le prince Louis-Napoléon prit les rênes du Gouvernement, que la Communauté put retrouver sa marche normale.

Dans sa sollicitude paternelle, le Supérieur, qui n'était pas sans inquiétude au sujet des Frères placés au dehors, leur écrivit pour leur recommander de prier afin que Dieu fasse régner la

tranquillité et la paix parmi les peuples et qu'il
protège l'Eglise et les Communautés religieuses ;
de redoubler de confiance en la Providence et de
fidélité à remplir leurs devoirs, d'user de la plus
extrême prudence dans leurs rapports avec les
enfants, d'apporter une grande économie dans
leurs dépenses, enfin d'assister ceux des Frères
éloignés de la Maison-Mère, en raison des circonstances, qui pourraient se rencontrer dans leur voisinage, de leur cordiale affection, de leurs récon-
fortants encouragements et de leurs exemples édi-
fiants.

Bien que, matériellement parlant, l'année fût
bonne et le prix des denrées modéré, le personnel de la Maison-Mère eut à s'imposer d'assez
grandes privations, et le Fondateur, rassuré sous
le rapport de la sécurité, ne l'était guère au point
de vue des finances. Les apports des novices en
paiement de leur pension et de leur trousseau leur
avaient été rendus quand on les avait renvoyés
dans leurs familles, et les salaires dus aux Frères
du dehors ne devaient être payés qu'aux vacances ; le Supérieur fut sur les épines jusqu'à cette
époque. Outre qu'il lui fallait pourvoir à l'entretien de sa Communauté, il était tellement harcelé
par quelques-uns de ses créanciers qui redoutaient
que son Institut, non approuvé en France, fût dis-
sous, qu'il craignait de voir un jour ou l'autre les
huissiers frapper à sa porte. Quatre mille francs
eussent suffi pour le tirer d'embarras. Il cherchait à les emprunter sous la garantie d'une solide
hypothèque, sans pouvoir y réussir. En vain
s'adressa-t-il à Mgr Devie et à l'abbé Roland ;
en butte eux-mêmes à des difficultés de même

nature, ni l'un ni l'autre ne se trouvèrent en mesure de lui venir en aide. Enfin les vacances arrivèrent et les Frères en place, en rapportant fidèlement à leur vénéré Père leur modeste rétribution, lui permirent d'éteindre peu à peu les principales dettes qui l'avaient tant tourmenté.

Les Frères de la Sainte-Famille avaient pensé, au cas où la Révolution de février les eût forcés à quitter la France, à se réfugier dans la Savoie, à Alby, sur un petit domaine qu'une pieuse chrétienne avait légué par testament à la commune qui, à son tour, l'avait loué aux religieux en 1845, pour soixante ans, à charge pour ces derniers, d'assurer l'instruction des petits garçons en fournissant, à cette fin, non seulement deux Frères logés et entretenus aux frais de l'Institut, mais encore le local scolaire. Mais le contre-coup de la commotion s'était fait sentir au dehors ; les Etats sardes n'étaient pas plus tranquilles que la France. De leur territoire avaient déjà été brusquement chassés les Jésuites ; d'autres Congrégations non enseignantes étaient menacées de se voir disperser et d'avoir leurs biens confisqués. Certaines restrictions allaient être apportées à l'exemption du service militaire des Frères savoyards. Le Commissaire des levées de la province de Thonon informait le Fondateur que les sujets exemptés devaient être employés dans les Etats. Celui-ci se rendit alors à Turin, et, dans son entrevue avec le nouveau ministre, M. Buoncompagni, il obtint le maintien du statu quo.

L'année 1848 ne devait pas finir sans que les Congrégations, adonnées à l'enseignement des classes populaires, fussent à leur tour menacées dans leur existence. Le Parlement de Turin prétendait aller vite en besogne sur ce point. La Savoie comptait à elle seule vingt-deux députés. Sur ce nombre, il en était peu de franchement opposés à l'enseignement congréganiste. Quelques-uns, bien que hostiles aux ordres religieux proprement dits, n'auraient pas voulu, pour le moment du moins, le remplacement des instituteurs appartenant à des Congrégations : c'étaient des opportunistes. Mais la grande majorité des députés soutenaient de toutes leurs forces les religieux enseignants. L'un d'eux, M. le baron d'Espine, avait demandé au Frère Gabriel les renseignements nécessaires pour défendre ses Frères. De son côté, M. le marquis Costa de Beauregard plaida chaleureusement en faveur de la Sainte-Famille et fit valoir les réels services que toutes les Congrégations rendaient à la société. Le Frère Gabriel eut à cœur de lui en témoigner sa vive reconnaissance.

═══════

CHAPITRE IX

Deuxième voyage à Rome

En route pour la Ville éternelle. — Le séjour. — Le retour. — Observations sur les Constitutions. — Le premier Chapitre de l'Institut. — Un acte capitulaire. — Déclaration du Supérieur général. — Le « Nouveau Guide ».

En approuvant, en 1841, l'Institut de la Sainte-Famille, le Saint-Siège avait sursis à l'approbation de sa Règle, estimant qu'une plus longue pratique de celle-ci était nécessaire, le temps et les circonstances pouvant y apporter des modifications de quelque importance.

Neuf ans plus tard, le Frère Gabriel reprenait le chemin de Rome, désireux sans doute de vénérer de nouveau les tombeaux des saints apôtres et de déposer ses hommages et ceux de sa Congrégation aux pieds du successeur de Grégoire XVI, le bien-aimé Pie IX, mais souhaitant ardemment, par dessus tout, de faire approuver les Constitutions de l'Institut, qu'il emportait avec lui.

Embarqué à Marseille le 19 juin 1850, après une traversée plus pénible encore que celle de son premier pèlerinage, le Révérend Supérieur se voyait retenu à Civitta-Vecchia, par une quarantaine de six jours avant de pouvoir s'acheminer vers la Ville sainte, où il parvint enfin l'avant-veille de la solennité de Saint Pierre.

Il lui fut donné d'assister en très bonne place, dans la basilique vaticane, aux premières vêpres et à la messe de la fête, célébrées en grande pompe par le Souverain Pontife.

Dès son arrivée à Rome, le Fondateur avait commencé ses démarches auprès des cardinaux et des autres personnages susceptibles de lui être de quelque utilité dans la poursuite du principal but de son voyage *ad limina*. Son âme était toute à l'espérance.

« Déjà, écrivait-il à ses Frères le 6 juillet, la Sacrée Congrégation des Evêques et Réguliers a nommé l'examinateur ou consulteur et tout porte à espérer, d'après les renseignements que ce Consulteur m'a fournis et les promesses que m'a faites le Cardinal Préfet de la Sacrée Congrégation, que nos Statuts seront approuvés, mais on ne peut préciser l'époque où cela aura lieu.

« Aujourd'hui même, nous avons été admis à l'audience du Souverain Pontife ; nous sommes entrés dans sa chambre avec quatorze autres Français ; mais comme j'avais demandé une audience particulière, nous avons attendu que ceux-ci fussent sortis, pour exposer à Sa Sainteté le but de mon voyage. Son accueil a été des plus flatteurs et des plus gracieux. Elle nous a donné par trois fois différentes sa main à baiser (ce qui ne se fait jamais, pas même pour les rois ni les grands de la terre) ; ç'a été une grande marque de bonté de sa part. Elle m'a accordé quelques privilèges que je désirais depuis longtemps. »

Dans une autre lettre, du 19 du même mois, notre pèlerin disait :

« Nous pensions quitter cette ville le 24 du courant, comme je l'avais annoncé dans la lettre que je vous ai écrite la semaine dernière, mais je vois que cela m'est impossible. On s'occupe bien de nos Statuts à Rome, mais ici les affaires vont extrêmement lentement. Le Cardinal Préfet qui est chargé de la nôtre a cru que je ferais mal de quitter Rome avant qu'elle fût terminée. Il pense qu'on pourra avoir besoin de moi pour discuter quelques points des Statuts.

« On fait imprimer dans ce moment ma supplique, celles des deux évêques (Mgr Devie et Mgr Billiet) et le rapport du Consulteur, le Père de Ferrari, religieux dominicain, qui a fait le plus pompeux éloge, dans son rapport, de notre but et de notre Société, et qui dit en même temps que nos Règles méritent d'être approuvées par le Saint-Siège. »

Le voyage du Frère Gabriel n'obtint pas tout le succès qu'il en espérait. Le 26 juillet 1850, les Constitutions des Frères de la Sainte-Famille furent soumises à la Congrégation des Evêques et Réguliers. Quelques difficultés s'étant élevées dans la discussion, un nouveau Consulteur fut chargé d'examiner encore ladite Règle et de formuler ensuite son opinion sur elle. Voici quelles ont été ses principales observations :

« *L'Association de la Sainte-Famille a pour objet toutes sortes de bonnes œuvres...* Ce but aurait besoin d'être précisé.

« Les Statuts portent que l'élection du Supérieur général se fait *à la majorité des voix*. S'agissant de Supérieur à vie, on pourrait substituer l'expression : *à la majorité absolue des voix*.

« On donne au Supérieur général la faculté de nommer ses conseillers, et l'âge requis en eux n'est que de *vingt-cinq ans*. La susdite faculté semble excessive, et l'âge établi semble insuffisant, d'autant plus que, parmi les conseillers, se trouve aussi le maître des novices.

« Sur l'article qui admet, comme protecteurs de ladite Société, Mgr l'Evêque de Belley pour la France et Mgr l'Archevêque de Chambéry pour la Savoie, il faut observer que les protecteurs des Instituts doivent être près le Saint-Siège et non ailleurs ; leur destination *in partibus* serait nouvelle et elle pourrait susciter de la jalousie dans les autres diocèses.

« La dispense des vœux avait d'abord été attribuée au Supérieur, puis aux évêques protecteurs. Mais la chose ne reste pas sans difficulté, car le vœu perpétuel de chasteté est réservé au Saint-Siège. De même les autres vœux, même temporaires faits dans un Institut approuvé par le Saint-Siège. »

Le Consulteur conclut en émettant cette opinion que les Constitutions doivent être corrigées, puis appliquées pendant quelque temps encore avant de recevoir l'approbation définitive du Saint-Siège.

En conséquence, le Cardinal Orili, préfet de la Sacrée Congrégation des Evêques et Réguliers, adressait le 30 mai 1851, à Mgr Devie et au Fondateur, un Rescrit indiquant les modifications que la Sacrée Congrégation jugeait convenables.

Sans tarder, le Frère Gabriel s'occupa de retoucher les Constitutions de son Institut, pour les mettre en harmonie avec les indications de Rome.

A l'époque de la Retraite de 1852, il convoqua les Frères profès perpétuels, alors au nombre de trente-sept. L'assemblée, après avoir examiné et approuvé la Règle ainsi amendée, nomma, à la majorité absolue des voix, les douze membres à vie appelés, d'après les nouveaux Statuts, avec d'autres que leur charge ou le choix de leurs confrères, renouvelable à chaque session, leur adjoindrait, à former le Chapitre de la Congrégation, auparavant représenté par tous les profès perpétuels sans exception, et qui devrait se tenir de trois en trois ans. On souscrivit ensuite l'acte important dont sont extraites les lignes suivantes ·

« Nous soussignés, Frères profès et membres du Chapitre général de l'Association des Frères de la Sainte-Famille, approuvée par Notre Saint Père le Pape Grégoire XVI ;

« Nous étant réunis dans de saintes vues, par l'ordre et sous la présidence de notre très digne Supérieur général, le Révérend Frère Gabriel Taborin, auquel nous donnons à bon droit le nom de *Père*, parce que nous reconnaissons qu'il est le vrai Fondateur de notre Société, avec l'Illustrissime et Révérendissime évêque de Belley, Mgr Devie, de glorieuse et sainte mémoire.

« Et en suite de la religieuse délégation que nous ont donnée tous nos autres bien-aimés Frères qui composent actuellement la dite pieuse Association, à l'effet d'examiner nos Statuts et Constitutions, auxquels notre Révérend Père Supérieur général a fait quelques changements, pour les conformer entièrement à l'esprit de la Sacrée Congrégation des Evêques et Réguliers, qui les a examinés par ordre du Souverain Pontife ;

« Après avoir invoqué avec les plus grands sentiments de foi les lumières de l'Esprit-Saint, les secours des Anges et des Saints, et notamment de la Très Sainte Vierge et de Saint Joseph, nos glorieux Patrons ;

« Nous avons examiné nous-mêmes, de la manière la plus sérieuse et la plus consciencieuse, les dits Statuts et Constitutions qui précèdent, et qui renferment soixante-quinze articles.

« En suite de l'examen les dits Statuts et Constitutions, et de la longue pratique que nous en avons faite, nous les avons approuvés, avec les changements qui y ont été faits, et nous les approuvons sans aucune contrainte, du fond de notre cœur et de la manière la plus irrévocable ; et nous nous engageons religieusement et civilement à les observer très fidèlement toute notre vie, et à les faire partiellement observer de tout notre pouvoir par tous les Frères qui composent actuellement notre Institut, et par tous ceux qu'il plaira à Dieu d'y appeler dans la suite.

« Nous voulons et arrêtons qu'à dater de ce jour, ces Statuts et Constitutions soient, dans toute leur teneur, en pleine vigueur parmi nous et dans toute notre Société et que, comme le prescrit l'article LXXV des dits Statuts et Constitutions, rien n'y soit changé ni présentement ni à l'avenir, sans l'autorisation du Souverain Pontife à qui nous resterons toujours fidèlement attachés, et dont nous respecterons infiniment les décisions, parce qu'il est le Chef Suprême de notre sainte Religion, et celui de toutes les Corporations religieuses.

« Persuadés que notre *Guide* ou *Règle des Frères de la Sainte-Famille*, dont la première édition est épuisée, est un ouvrage indispensable pour maintenir la régularité parmi nous, et reconnaissant d'ailleurs que notre bien-aimé et très digne Père Supérieur général ci-dessus nommé a reçu de Dieu des grâces d'état et une mission particulière pour former notre Société, la gouverner et nous diriger tous dans les voies de la sainteté, nous le prions de faire une seconde édition de ce *Guide* et d'y joindre les présents Statuts et Constitutions qu'il a lui-même tracés, et, plein de confiance en lui, nous l'autorisons, par le présent acte, à faire au dit *Guide* tous les changements, et à y ajouter tous les Règlements qu'il croira nécessaires, de concert avec le Conseil de notre Maison-Mère.

« Nous déclarons solennellement que nous reconnaissons que le dit Révérend Père est de droit et de fait, présentement et sa vie durant, notre Supérieur général. C'est ainsi que nous l'entendons et que l'ont voulu l'illustre Souverain Pontife Grégoire XVI et le saint évêque de Belley, Mgr Devie, dont les noms seront toujours si chers à la Sainte-Famille... »

Le Frère Gabriel fit suivre cet acte capitulaire d'une touchante déclaration qui se termine ainsi :

« Nous attestons avec une pieuse émotion qu'un des jours les plus consolants de notre vie, et qui nous a fait oublier les mauvais jours que nous avons eu à traverser, soit en formant, soit en administrant notre chère Association, c'est sans contredit celui d'aujourd'hui, 20 septembre 1852, jour auquel notre respectable Chapitre général a été formé et réuni pour la première fois, et où il a fait, avec nos autres principaux Frères, l'acte ci-dessus. Cet acte plein d'édification, ainsi que l'approbation de notre Société par le Souverain Pontife, est une grande garantie pour elle et contribuera puissamment à la consolider. Nous sommes convaincu que, dans cette circonstance comme dans mille autres, c'est le doigt de Dieu qui a agi sur elle ; ce qui nous donne une nouvelle preuve qu'elle est bien plus l'ouvrage de Dieu que celui des hommes.

« Voulant témoigner hautement tout notre religieux dévouement pour notre chère Société, nous renouvelons devant Dieu et devant les hommes la promesse solennelle que nous fîmes lors de notre installation dans nos fonctions de Supérieur, de prendre légitimement et en toutes circonstances les intérêts spirituels et temporels de notre Institut. Nous renouvelons aussi avec la plus sainte ardeur notre promesse d'être inviolablement attaché au Souverain Pontife et au Saint-Siège. Ainsi, Dieu nous soit en aide. Ainsi soit-il.

« FRÈRE GABRIEL,
né Gabriel Taborin, Supérieur général. »

En vertu de la délégation dont l'avait investi, à cette fin, le Chapitre, le Fondateur se mit en devoir de rédiger, sous le titre de *Nouveau Guide des Frères de la Sainte-Famille*, une seconde édition des Constitutions de son Institut, où figuraient les modifications réclamées par la Sacrée Congrégation des Evêques et Réguliers.

CHAPITRE X

Les tribulations d'un Supérieur

Perte de l'Ecole de Bonneville. — Double défection. — Procédés indélicats à Yenne. — Le pamphlet calomniateur. — Un échec en Amérique. — Deuils cruels : M. de Lauzière ; le Frère Maurice ; Mgr Devie.

Ce n'est pas sans raison que l'Eglise dans sa liturgie, appelle cette terre une « vallée de larmes ». Si la bonté divine permet qu'on y cueille quelquefois des roses, on y sent aussi bien souvent des épines. Le Frère Gabriel ne manqua pas d'en faire l'expérience. Ce que nous savons de son histoire nous l'a déjà montré ; ce qui nous reste à en apprendre renfermera le même enseignement. Ni les criantes injustices, ni les outrages odieux, ni les deuils cruels ne lui firent défaut.

A l'époque où le Ministre de l'Instruction publique de Turin faisait pour la première fois une grave obligation à tous les membres de l'enseignement sans exception de suivre l'Ecole de méthode, le Fondateur se trouvait à Rome, accomplissant son second voyage *ad limina* ; il n'avait donc pu prendre ses mesures pour y envoyer ses sujets cette année-là.

Dès son retour en France, il se rendit à Turin pour exposer le motif qui l'avait empêché de se conformer aux récentes prescriptions ministérielles et obtenir qu'on le dispensât de s'y soumettre à l'avenir. Le Ministre lui fit bon accueil, il admit son excuse pour le passé, mais lui refusa toute exemption pour l'avenir. Il fut convenu que les Frères de la Sainte-Famille assisteraient, dès l'année suivante, aux cours de l'Ecole de méthode, avec tous les instituteurs qui n'avaient pas encore pu les suivre.

Or, ces mesures gouvernementales occasionnèrent à l'Institut la perte de son établissement de Bonneville (Haute-Savoie). Les Frères qui faisaient la classe dans cette ville n'ayant pas, pour la bonne raison que nous venons d'indiquer, fréquenté l'Ecole de méthode, les autorités locales, non officiellement informées de l'accord intervenu entre le Ministre et le Supérieur de la Congrégation, leur retirèrent l'autorisation d'enseigner.

Le Fondateur en aurait volontiers référé à Turin, mais sur le conseil du vénérable abbé Boccard, principal du collège, en présence de l'hostilité flagrante de la municipalité Bonnevilloise, il n'en fit rien et le poste fut perdu pour l'Institut.

Cet abandon fut très sensible au Supérieur, mais ce qui l'affligea encore bien davantage, ce fut la défection de deux de ses sujets chargés, l'un de l'école de Boëge, et l'autre de celle de Grésy-sur-Isère. Bons instituteurs tous les deux, ils avaient su capter la confiance de personnes plus ou moins hostiles à la Religion et aux écoles congréganistes. Mal affermis dans leur vocation, ils se laissèrent influencer par de perfides conseils et quittèrent l'Institut. L'un alla à Bonneville prendre la place de ceux qu'auparavant il appelait ses frères et l'autre resta titulaire laïque du poste qu'il avait occupé jusque-là en qualité de congréganiste.

Un autre établissement, celui d'Yenne, petit chef-lieu de canton situé dans la Savoie, mais à quelques kilomètres seulement de Belley, échappa, vers la même époque, à l'Institut de la Sainte-Famille dans des circonstances particulièrement pénibles.

Depuis neuf ans, quatre Frères y distribuaient l'instruction chrétienne à la satisfaction générale. A la suite de la nomination d'un nouveau curé qui affectionnait très particulièrement les fils de Saint Jean-Baptiste de la Salle, chez lesquels il avait rempli auparavant les fonctions d'aumônier, le Conseil municipal, habilement travaillé, **fut** amené peu à peu à décider la substitution des Frères des Ecoles chrétiennes aux Frères de la Sainte-Famille. Le Frère Gabriel, qui, sollicité dans le passé à plusieurs reprises d'accepter des postes occupés par des membres de l'Institut rival, s'y était toujours refusé par un sentiment d'exquise délicatesse, comptait bien que, dans des circonstances analogues, on userait à son égard de réciprocité. Il avait même exprimé sa conviction sur ce point dans une lettre adressée directement au Très Honoré Frère Philippe, alors Supérieur général des Frères des Ecoles chrétiennes. Il n'eut pas la satisfaction de voir son espoir réalisé ; ce qui pourtant ne l'empêcha pas de continuer dans la suite, toutes les fois que l'occasion s'en est présentée, sa conduite désintéressée et chevaleresque envers la puissante Congrégation qui avait supplanté la sienne à Yenne.

Mais voici une tribulation d'un autre genre, et non moins douloureuse pour la Sainte-Famille et son digne Supérieur. Vers la fin de 1850, se présentait à la Maison-Mère un nommé Girard, originaire de la Manche, se disant envoyé par le Révérend Père Deschamps, ancien chanoine honoraire de Belley et missionnaire apostolique, actuellement religieux dominicain. Comme il ne possédait, en fait de pièces de recommandation, qu'un passeport, le Frère Gabriel lui signifia qu'il eût à se retirer. Il supplia, se dit appelé de Dieu à la vie religieuse et promit tous les certificats nécessaires. Il écrivit de plusieurs côtés et rien n'arrivait, sinon une attestation de Paris affirmant qu'il avait travaillé quelques mois en qualité de manœuvre chez un plâtrier.

Finalement, comprenant qu'on allait le renvoyer, il quitta furtivement la maison, emportant même plusieurs objets qui appartenaient à la Communauté. Il se dirigea en vagabond vers Genève, disant à qui voulait l'entendre qu'il sortait d'une maison religieuse.

Dans cette ville, il fut accaparé par un protestant du nom d'Oltramare qui, après l'avoir mis dans un état complet d'ivresse, lui fit signer du pseudonyme de Paul de Sainte-Foy, novice, un infâme pamphlet que lui-même avait composé sous ce titre : « Les Jésuites de Belley en 1850-51. »

Ce libellé, odieux ramassis d'inventions fantastiques, d'appréciations calomnieuses des personnes et des choses et d'injures blasphématoires à l'adresse de Jésus-Eucharistie et de la Très Sainte Vierge, inspiré par la haine du catholicisme, fut victorieusement réfuté par l'abbé Mermillod, vicaire de Genève et futur cardinal, à l'aide des renseignements que lui avaient fournis le Frère Gabriel.

Le signataire de cette œuvre d'iniquité, retourné dans son pays, rentra en lui-même, et, cédant aux remords de sa conscience, adressa le 16 décembre 1851 au Supérieur de la Sainte-Famille une rétractation formelle et explicite de son abominable conduite, dans laquelle il dit notamment : « Je proteste de tout mon pouvoir contre les faits injurieux, soit à la personne du Frère Gabriel, supérieur général de l'Institut, soit aux membres qui le composent, soit aux usages et pratiques de la dite Communauté, lesquels faits sont néanmoins mentionnés en mon nom dans une brochure in-8° sortie des presses de Charles Cruaz, place du Grand-Marché à Genève, et qui a pour titre : « Les Jésuites de Belley en 1850-51 ».

« Je déclare, pour rendre hommage à la vérité, que j'ai eu le malheur de signer le manuscrit ainsi que l'acte d'autorisation de l'éditer, sans que lecture préalable en ait été faite, et alors que, victime d'odieuses machinations, j'étais plongé dans un état d'ivresse. »

En 1854, sur les pressantes sollicitations de Mgr Crétin, évêque de Saint-Paul de Minnesota (Etats-Unis d'Amérique), qui était originaire du diocèse de Belley, le pieux Fondateur envoya une colonie de quatre Frères fonder un établissement dans cette ville épiscopale. Le choix des sujets ne fut pas heureux. Par défaut de direction ferme et prudente, d'esprit d'union et de subordination, l'entreprise, loin de réaliser les espérances qu'on avait fondées sur elle, échoua lamentablement. L'un des émigrants se sécularisa sur place ; un autre entra dans la Congrégation du Saint-Esprit où il fut promu au sacerdoce ; le troisième rentra à la Maison-Mère pour regagner son pays natal et se rendre plus tard dans la République Argentine où il devint prêtre. Enfin le quatrième, le plus raisonnable de tous, revint également en France, mais, démonté par l'échec subi, il attendit l'expiration de ses vœux temporaires, puis quitta l'Institut.

Un tel événement ne put manquer d'affecter péniblement le Frère Gabriel, qui eut aussi à souffrir de la perte de personnes bien chères. Au commencement de décembre 1844, une lettre de l'abbé Gâche, curé de Belmont, lui apprenait la mort foudroyante de M. de Lauzière, cet ami sincère de sa personne et de sa Congrégation, qui l'avait protégé à son arrivée à Belmont, encouragé dans ses délaissements et soutenu de son crédit et de ses bienfaits dans ses embarras et ses nécessités. Après son départ pour Belley, il avait continué à trouver dans le noble châtelain le même désintéressement, le même dévouement, la même affection. Longtemps il fit monter vers le trône de Dieu pour le repos de l'âme de cet homme de bien, ses prières et celles de sa Communauté. En souvenir de lui, non seulement il adressa par écrit ses condoléances émues à sa veuve désolée, mais plus tard, celle-ci s'étant trouvée dans un très grave embarras d'argent, ne pouvant lui venir en aide, dans sa pauvreté par lui-même. il s'entremit pour la faire assister par un personnage à la fois riche et généreux.

En 1851, le Fondateur avait la douleur de perdre en quelque sorte son bras droit, en la personne du Vice-Supérieur de l'Institut, le Frère Maurice, enlevé à son affection à l'âge de quarante-et-un ans. Il avait fait ses études secondaires et ses parents le destinaient à l'état ecclésiastique, son humilité et la crainte des graves responsabilités qu'impose le sacerdoce le déterminèrent à entrer dans la Sainte-Famille où il rendit d'inappréciables services à son Supérieur général.

L'année suivante un autre soutien encore plus précieux du Frère Gabriel venait à quitter ce monde : Mgr Devie était appelé à aller recevoir la récompense de ses travaux et de ses vertus. Dans sa circulaire du 3 août 1852, le Fondateur exhalait sa douleur en ces termes : « Un sentiment de profonde tristesse vient de s'emparer de nous et nos larmes coulent avec abondance. Pleurez avec nous, car notre vénérable Fondateur, notre Père chéri, notre saint Evêque est mort ; nous ne le verrons plus ici-bas, il est entré dans l'éternité. Que de choses édifiantes nous aurions à vous raconter sur la vie sainte de Mgr Devie ! Il aurait fallu voir sa foi vive qui égalait celle des martyrs et des confesseurs ; sa piété angélique qui s'est soutenue dans la vieillesse et dans la maladie d'une manière si édifiante, son zèle éclairé et infatigable pour tout ce qui tendait à la gloire de Dieu et au salut des âmes, sa charité quelquefois méconnue ou ignorée qui était si grande, surtout envers les pécheurs pour lesquels il a abrégé sa vie en prêchant ; sa bonté, sa douceur, son affabilité qui le faisaient aimer de tout le monde ; sa patience invincible dans ses peines et dans ses souffrances qui nous faisait désirer de lui ressembler !... »

Après avoir relaté ce que Mgr Devie avait fait pour son Institut, le digne Supérieur prescrivait aux siens des suffrages pour l'âme du vénéré défunt et leur annonçait qu'un service funèbre serait célébré à la même fin à l'époque de la retraite annuelle dans la chapelle de la Maison-Mère.

Chapitre XI

L'abbaye de Tamié

Prophétie réalisée. — Histoire de Tamié. — Son acquisition par la Sainte-Famille. — Ouverture d'une école. — Fondation d'un pensionnat. — Prospérité de l'établissement. — Rentrée des Cisterciens. — Odieux mensonges.

Probablement à l'époque où il s'agissait de poser sérieusement, à Belmont, les fondements de son Institut, le Frère Gabriel avait entendu parler d'un célèbre ecclésiastique de la Savoie, l'abbé Favre, respectueusement dénommé par les populations le Révérend Père Favre, qui donnait avec le plus grand succès des missions populaires dans son pays, insistant principalement, dans ses prédications, sur la miséricorde de Dieu et la dévotion à la Sainte Vierge, très attaché par surcroît au Saint-Siège et à ses doctrines. L'impression profonde que produisait ce saint prêtre en avait fait un oracle pour les fidèles et pour les prêtres, non seulement de la Savoie, mais encore des diocèses voisins. Le Révérend Père Colin lui avait ouvert son âme et en avait reçu de précieux encouragements au sujet de l'établissement de l'Institut des Maristes.

Le Fondateur de la Sainte-Famille vint, lui aussi, faire une retraite de huit jours auprès de cet homme de Dieu. Le point important de cette retraite était ce que les auteurs spirituels appellent l'élection. Il s'agissait, ou de recommencer la formation d'une Congrégation ou de renoncer à ce projet, comme ne venant pas du Ciel. Le Frère Gabriel s'attacha surtout à dévoiler au prêtre ses pensées et ses sentiments les plus intimes, pour en recevoir des lumières sur les déterminations à prendre. Le Directeur répondit à son ouverture, non pas tant par un conseil, que par un commandement et une prédiction : « Vous formerez, lui dit-il, une Congrégation religieuse ; vous rencontrerez beaucoup de difficultés pour réaliser ce projet, mais vous réussirez et Dieu bénira votre œuvre qui fera beaucoup de bien. Elle se répandra dans la Savoie et *un jour vous posséderez la maison de Tamié.* »

Le pénitent a avoué que ces dernières paroles faillirent lui faire perdre tout le fruit de sa retraite, parce qu'elles lui annonçaient des événements qu'il jugeait impossibles, et par suite il était fortement tenté de retirer sa confiance à son confesseur. C'était là l'œuvre du démon ; mais bientôt la grâce fit triompher de cette attaque de l'enfer celui qui ne désirait que l'accomplissement de la volonté de Dieu. Depuis lors la pensée d'avoir quelque jour à Tamié une maison secondaire de son Institut pour la Savoie n'avait jamais quitté le Frère Gabriel. Nous allons voir se réaliser la prophétie de l'abbé Favre.

Vers l'an 1132, Saint Pierre de Tarentaise, le Saint Bernard de la Savoie, avec des moines sortis comme lui de Bonnevaux, en Dauphiné, avait fondé un couvent à près de neuf cents mètres d'altitude, dans cette gorge des Alpes qui débouche, d'un côté, sur la *vallée d'Annecy et de l'autre sur celle de l'Isère.* A cause de sa position au milieu des montagnes, on avait donné à cette maison le nom de *Stamedium*, d'où Stamied et Tamié.

Cette abbaye, après s'être maintenue assez long-temps dans la régularité, avait fini par tomber dans le relâchement. Réformé en 1677 par une colonie venue, sous la conduite de Don Cornuty, de la Grande-Trappe alors gouvernée par le célèbre abbé de Rancé, Tamié était en pleine ferveur quand, un peu plus d'un siècle plus tard, la Révolution obligea ses habitants à se réfugier en Angleterre. Le monastère, édifice régulier, le plus beau monument de ces contrées, qui avait coûté des sommes énormes, fut vendu pour la valeur intrinsèque de ses riches matériaux. Il allait être démoli quand le roi Charles-Félix l'acquit de ses propres deniers et le céda à l'Archevêque de Chambéry.

Mgr Martinet y fit faire d'importantes réparations et y établit un corps de Missionnaires qui, quelques années après, furent transférés ailleurs, au grand regret des bons habitants de ces montagnes, justes appréciateurs de leurs mérites. Voici donc de nouveau le couvent vide de ses pieux hôtes, sa cloche muette, sa chapelle fermée.

Après une première tentative faite en 1853, auprès de Mgr Billiet, successeur de Mgr Martinet, rendue infructueuse par la mauvaise volonté du Gouvernement sarde, le Supérieur de la Sainte-Famille, revenant à la charge à la fin de février 1856, exposait à l'Archevêque de Chambéry son désir d'acquérir l'abbaye, en vue de la rendre au culte divin ; d'y établir un Noviciat en même temps qu'une maison de retraite pour les Frères et pour d'autres personnes qui voudraient appartenir à l'Institut afin de se sanctifier dans la solitude ; enfin d'y ouvrir au besoin un pensionnat.

Adhérant aux vues du Frère Gabriel, Mgr Billiet lui fit part de ses conditions de vente. Le Fondateur, les ayant trouvées lourdes, pria Sa Grandeur de les alléger, se déclarant de plus en plus attiré surnaturellement vers Tamié, malgré les représentations de son Conseil et de l'Evêque de Belley, qui lui objectaient la difficulté des communications, la rigueur du climat, les coûteuses réparations à effectuer, l'incertitude des temps, et surtout la pénurie d'argent et de sujets. Le prélat acquiesça à la requête qui lui était présentée, et l'acte de vente fut passé peu de temps après.

On se hâta de faire les réparations les plus indispensables pour recevoir le personnel qui devait être détaché de Belley, et le jour de l'Ascension, les saints offices furent célébrés publiquement dans l'église de l'antique couvent, qui se remplit, à la messe et aux vêpres, des fidèles des environs. Compliments, détonations de la poudre, humbles présents, offres de services : ces bonnes gens mirent tout en œuvre pour témoigner leur joie aux nouveaux venus. Le Frère Gabriel les remercia de leurs marques de sympathie, en les prévenant toutefois que, la chapelle du couvent n'étant pas publique, on ne pouvait en suivre les offices sans une autorisation de l'archevêque. Etant donné l'éloignement considérable de l'église paroissiale où se trouvaient un grand nombre de ces montagnards, du consentement de leur pasteur, M. le Curé de Plancherine, Mgr Billiet leur permit de remplir au couvent leurs devoirs de chrétiens.

Dès l'automne suivant, les Frères ouvraient dans cette nouvelle résidence une école gratuite pour les enfants des hameaux voisins. La première année, le Fondateur habita presque toujours Tamié ; sa présence y était nécessaire pour diriger et surveiller les travaux, établir l'ordre et la régularité, en un mot mettre toutes choses sur un bon pied. Il ne pouvait cependant y demeurer indéfiniment ; la Maison-Mère le réclamait. L'aumônier venu de Belley ayant dû aussi y retourner, le Frère Gabriel demanda à Mgr Billiet de daigner lui accorder un prêtre de son diocèse, pour le bien, non seulement de l'Œuvre, mais aussi des populations environnantes. N'ayant pu obtenir personne de l'Archevêque de Chambéry, pas plus que des Trappistes ni des Jésuites, auxquels il s'était ensuite adressé, force lui fut de chercher ailleurs des ecclésiastiques qui ne répondirent pas à ses vues.

Le zélé Supérieur avait exprimé à Mgr Billiet son intention d'établir à Tamié une maison de retraite. C'eût été un asile pour les Frères affamés de solitude et pour les âmes pieuses désireuses d'une sorte de Trappe mitigée, ne se sentant ni la force ni le courage de s'astreindre au jeûne rigoureux et au silence perpétuel des Trappistes. Il avait tracé dans le *Nouveau Guide* un plan de ce genre de vie, et pour en inaugurer l'exécution, il appela à Tamié et investit de la charge de Supérieur le Frère Dorothée. Mais l'œuvre ne réussit point ; son pieux promoteur n'en eut pas moins devant Dieu le mérite de son excellente intention [1].

Comme l'avait prévu le Conseil de la Congrégation, Tamié exigeait des ressources et des hommes. Or, depuis deux ans, la propriété n'avait rapporté que quelques légumes et quelques céréales, et la Maison-Mère voyait ses provisions passer la frontière pour aller ravitailler le nouvel établissement. Il fallait que la résidence pût se suffire à elle-même. Pour obtenir ce résultat, on se détermina à y créer un pensionnat. Un local fut préparé en vue de recevoir une quarantaine d'élèves. Toutes les conditions de succès semblaient réunies : l'air pur de la montagne était favorable à la santé des élèves ; la position de l'abbaye, située aux confins des quatre diocèses de la Savoie, à proximité d'Albertville, de Faverges et d'Annecy, pouvait amener de nombreux pensionnaires dont la formation morale serait aidée par la solitude des lieux et la beauté du paysage.

Pour asseoir les bases de l'Œuvre, il fallait un homme qui fût à la hauteur de la situation. Le Frère Gabriel fit le sacrifice du Frère Amédée, vice-supérieur, qui vint prendre au commencement de septembre 1858, la direction de la maison. Bientôt tout fut transformé, et les pensionnaires arrivèrent en nombre. Quand, aux

---

[1] Quelques années auparavant, le Révérend Père Colin avait également conçu, et même commencé de réaliser à La Neylière (Rhône), avec les encouragements de plusieurs prélats, notamment de Mgr Devie, le projet d'une maison d'adoration perpétuelle, où des Maristes et d'autres prêtres se livreraient à la prière et à la pénitence. Le saint Curé d'Ars y avait retenu sa place au Père Colin qui l'attendait. (Cf. *Le Curé d'Ars*, par l'abbé Trochu).

vacances de l'année suivante, le Frère Amédée fut rappelé à Belley, où il faisait faute, l'élan était donné et la maison en voie de prospérité. Le choix du Frère Raymond pour lui succéder ne pouvait être meilleur. D'autre part, Mgr Billiet avait enfin donné pour le service spirituel de Tamié un excellent prêtre, l'abbé Duret. Sous l'action combinée du Directeur et de l'aumônier, bien faits pour se comprendre et possédant tous deux les qualités d'esprit et de cœur qui gagnent l'affection de la jeunesse, le pensionnat augmenta d'importance, et les demandes d'admission reçues pour la rentrée de 1861 lui présageaient une prospérité encore plus complète.

Or, c'était à ce moment où l'avenir le plus radieux brillait aux yeux du Fondateur de la Sainte-Famille, que la Providence allait faire passer la maison en d'autres mains.

La République de 1848, contrairement aux craintes qu'elle avait d'abord inspirées, avait amené une réaction en faveur des idées conservatrices et religieuses. La loi du 9 mars 1850 avait proclamé la liberté de l'enseignement et les Congrégations éducatrices en profitaient pour faire le bien dans toute la mesure possible. Sous le second Empire, elles n'étaient pas davantage entravées ; les anciens Ordres religieux se développaient et plusieurs d'entre eux avaient déjà racheté quelques-unes de leurs maisons que les ravages de la Révolution et du temps avaient laissées debout. L'Ordre des Cisterciens était de ce nombre, et le Gouvernement, vu les services qu'ils rendaient à l'agriculture et les bienfaits qu'ils répandaient autour d'eux, se montrait favorable à leur égard. Or, parmi les maisons qu'on désirait voir revenir à leur destination première, celle de Tamié, pour l'Ordre de Citeaux, semblait tenir le premier rang, surtout en raison de la sainteté de son Fondateur.

En 1861, se trouvant en mesure de faire une colonie, Dom Benoît, abbé de la Trappe de la Grâce-Dieu, au diocèse de Besançon, manifesta le vif désir qu'avait son Ordre de rentrer en possession de l'antique monastère et envoya à plusieurs reprises au Frère Gabriel des messagers chargés de négocier l'affaire.

La perplexité de ce dernier en présence du rachat proposé était grande. Fallait-il résister à des vœux si respectables, ou bien abandonner cette maison objet de tant de sollicitudes depuis six ans, maintenant surtout qu'elle était en pleine prospérité? Etait-il dans les desseins de Dieu que ses propres désirs ne fussent pas réalisés, et la Providence ne s'était-elle servie de lui que pour préparer la voie au retour des Cisterciens?

On arrivait à l'époque des vacances. Le Chapitre devait tenir sa session triennale. Le Supérieur soumit à l'assemblée l'état des négociations relatives à l'abandon de Tamié et exposa les raisons qui militaient pour ou contre. Le Chapitre émit un avis favorable à la vente, tout en laissant pleine liberté au Fondateur d'agir comme il jugerait bon.

Peu de temps après, l'abbaye passait aux mains des Révérends Pères Trappistes, qui s'y installèrent le 13 octobre 1861. Dire la douleur qu'éprouvèrent en quittant ce lieu béni, le Supérieur général et le Frère Raymond si affectionnés à leur Œuvre et qui la voyaient en si bonne voie, serait difficile. Elle fut augmentée encore par la désolation des bons habitants de la montagne, qui leur avaient donné pendant leur séjour tant de marques d'attachement. Leur unique consolation fut de penser que Dieu serait désormais servi et glorifié à Tamié d'une manière plus parfaite par les pieux cénobites qui allaient leur succéder.

Le couvent et la ferme contiguë, avec la plus value que leur avaient donnée les importantes réparations effectuées par les Frères, le bétail et les instruments aratoires étaient estimés cinq cent mille francs par Mgr Billiet. Or, le Frère Gabriel avait cédé le tout pour le cinquième seulement de cette somme, soit cent mille francs. Les Pères Trappistes comptaient sur la Providence et, pour solder leur acquisition, ils sollicitèrent les aumônes des âmes charitables. Quelques-uns de ceux qui furent chargés de ces quêtes, contrairement sans doute aux intentions des Supérieurs qui les envoyaient, dans le but d'exciter davantage la commisération, ne craignirent pas de calomnier le Supérieur de la Sainte-Famille, l'accusant d'avoir trompé ses acquéreurs, en leur cédant sa propriété à un prix exagéré, et même d'avoir fait emporter une partie des objets qu'il leur avait vendus.

Le Frère Gabriel, par une lettre très digne et très ferme en même temps, protesta auprès de Dom Zacharie, prieur de Tamié, contre ces faussetés qui attentaient à son honneur. A la suite de ces plaintes légitimes, le Révérend Père abbé de la Grâce-Dieu et le Prieur de Tamié vinrent faire une visite au vénéré plaignant pour lui exprimer leurs regrets de ce qui s'était passé et l'assurer qu'ils avaient pris des mesures pour empêcher ces scandales, ajoutant que les coupables seraient punis dès qu'on les connaîtrait. Depuis lors les meilleurs rapports n'ont cessé d'exister entre les deux Instituts qui se sont donné part réciproquement à leurs prières et à leurs bonnes œuvres.

Chapitre XII

Les aumôniers de l'Institut

Dessein de prêtres membres de la Congrégation. — Le chanoine Desseignez. — L'abbé Gourmand. — L'abbé Duret.

Après avoir longuement prié et mûrement réfléchi, le Fondateur de la Sainte-Famille s'était persuadé que des aumôniers membres de la Congrégation, ayant été formés à la vie religieuse dans son Noviciat, y étant attachés par les saints vœux, et par suite, profondément imbus de son esprit, obligés par vocation à accomplir toutes les prescriptions de sa Règle, seraient, de ce fait, plus aptes que n'importe quels autres ecclésiastiques à procurer l'avancement spirituel des Frères, plus intéressés aussi à leur persévérance et à la prospérité de l'Institut. En conséquence, il avait inséré dans les Constitutions l'article suivant : « L'association peut admettre des prêtres dans son sein, mais seulement ceux qui lui sont nécessaires pour remplir les fonctions d'aumônier dans les Maisons de Noviciat et de Retraite, et dans ses autres établissements considérables. »

L'idée assurément était belle en théorie ; mais était-elle réalisable ? Quelques essais faits dans ce sens n'ayant pas donné d'heureux résultats, on cessa de les renouveler. Le Frère Gabriel dut donc recourir pour la direction spirituelle de ses maisons, à des prêtres appartenant au clergé séculier.

Plusieurs de ces messieurs le consolèrent grandement par les éminentes qualités dont ils surent faire preuve dans l'accomplissement de leurs délicates fonctions.

Nous avons eu déjà plus haut l'occasion de montrer quel généreux et sincère attachement pour lui et les siens le Fondateur a trouvé dans les abbés Girod, Charvin, Desrumeaux, Roland, Charvet et Gâche ; il devait rencontrer plus tard de non moins nombreuses et effectives sympathies dans Messieurs Desseignez, Gourmand et Duret.

L'abbé Desseignez avait lié connaissance avec le Frère Gabriel le 25 février 1827. Il était alors curé de Genay, et c'est dans son presbytère que le Fondateur était venu s'aboucher pour la première fois avec Mgr Devie. De la cure de Genay, on le transféra à l'aumônerie de la Visitation de Bourg, puis, en 1851, il devint chanoine de la cathédrale de Belley. Dans ce dernier poste, à la demande du Supérieur, il fut adjoint comme auxiliaire à l'aumônier de la Sainte-Famille.

Plein de zèle pour la gloire de Dieu et directeur spirituel consommé, ce prêtre vénéré fit un très grand bien aux Frères au milieu desquels il aimait à se trouver. C'était pour lui un bonheur de remplacer dans la célébration des offices l'aumônier de la Maison pendant ses absences. Ce fut lui qui, en 1856, prêcha la retraite annuelle à la Communauté. Même après avoir dépassé quatre-vingts ans, il voulut travailler encore à la sanctification de ses chers religieux. On peut dire qu'il mourut les armes à la main, car c'est au confessionnal qu'il se sentit frappé à mort. Entièrement résigné à la volonté divine, modèle de patience et de piété durant les quelques semaines qu'il vécut encore, vénéré de tous et chargé de mérites, le chanoine Desseignez alla recevoir au Ciel sa couronne embellie par un fructueux ministère de plus de soixante ans, dont vingt-six consacrés à la Sainte-Famille.

Jeune prêtre, plein d'intelligence, de zèle et de bonne volonté, l'abbé Gourmand était arrivé à Belmont, avec le titre d'aumônier le 19 septembre 1839, jour où l'on célébrait la fête de la Sainte-Famille. Pour cette raison tous les Frères s'y trouvant rendus, il put les étudier pendant un mois, la clôture de la retraite ayant lieu cette année le 21 octobre. Il s'attacha sur-le-champ et de tout cœur à l'Institut, dont il partagea les joies et les épreuves.

Voyant la pauvreté de la Communauté, il sut se contenter de peu, soit pour la nourriture, soit pour le logement. Il prit sa part, à Belley, nous l'avons vu, des incommodités du jardin d'hiver dans le clos de l'Evêché, puis, dans la nouvelle maison, ne quitta jamais la chambre étroite et peu éclairée qu'on avait été réduit à lui offrir dans le début. Aux fonctions du saint ministère, il joignit celle de professeur de la première classe du Noviciat.

De concert avec le Supérieur, dont il fut toujours l'ami fidèle et le sûr conseiller, il a beaucoup contribué à former les Frères à cet esprit de famille, de pauvreté, d'abnégation et de dévouement qu'on a remarqué dans la plupart des premiers sujets et qui s'est perpétué dans la Congrégation.

Pour reconnaître ses mérites, en 1848, l'Evêque de Belley nomma l'abbé Gourmand curé de l'importante paroisse de Neuville-les-Dames, à quelques kilomètres de Bourg. Eloigné de la Sainte-Famille, l'ex-aumônier lui demeura uni par une affection dont une correspondance suivie attestait la fidélité. L'une de ses dernières joies sur la terre fut de recevoir, quelque temps avant sa mort, qui eut lieu en 1873, la visite du Frère Amédée, successeur du Frère Gabriel, et de s'entretenir avec lui de la tant chère Congrégation.

Ce que l'abbé Gourmand avait été pour Belmont et Belley, l'abbé Duret le fut pour Tamié. Lui aussi rendit les plus signalés services à l'Institut et à son Supérieur. Prêtre selon le cœur de Dieu, l'aumônier qu'avait choisi Mgr Billiet réunissait toutes les qualités réclamées par ses fonctions : piété sincère, zèle ardent pour la gloire divine, affection véritable pour les Frères et pour les enfants, dévouement enfin que rien ne rebute et qui s'accroît plutôt avec les épreuves. Aussi son nom est-il demeuré en bénédiction parmi tous ceux qui l'ont connu.

Chapitre XIII

Le Curé d'Ars et la Sainte=Famille

*Première entrevue du Fondateur avec l'abbé Vianney. —
L'école d'Ars est confiée à la Sainte-Famille. — Le Frère
Athanase. — Le Frère Jérôme. — L' « Ange conducteur ».
— Désolation de l'humble Curé. — Une de ses lettres.*

Ce n'est pas pour le Frère Gabriel et pour sa
Congrégation leur moindre titre de gloire d'avoir
été l'objet de l'estime et de l'affection de l'humble
prètre que, de son vivant, la voix populaire pro-
clamait saint et que l'Eglise a, en effet, placé sur
les autels.

Déjà, en 1839, le nom de l'abbé Vianney était
connu au loin et des étrangers accouraient vers
lui pour se recommander à ses prières et s'éclairer
de ses conseils. Se trouvant à Lyon à l'époque du
Carême, le Frère Gabriel aperçut une diligence
qui portait le nom d'Ars et dont des pèlerins se
disputaient les places. La pensée lui vint alors
d'aller voir, lui aussi, ce prètre dont la réputation était si grande. Et le voilà qui monte en voiture et part. Arrivé au but de son voyage, il se
joignit à la foule qui se pressait dans le sanctuaire et le lendemain, après avoir entendu la
messe du serviteur de Dieu, il entra dans la sacristie, confondu dans les rangs des personnes qui
venaient faire signer des images et bénir des objets
de piété. Sa fondation alors ne faisait encore que
de commencer et lui-même était certainement
inconnu à Ars. Cependant voici que l'abbé Vian-

ney s'avance vers lui et lui dit : « Bonjour, Frère Gabriel ; comment va votre petite Communauté? — Mais, Monsieur le Curé, répond notre pèlerin tout ému, vous me connaissez donc ? — Oh ! reprend le saint prêtre, avec son sourire aimable, les amis du Bon Dieu se connaissent bien. »

Le Fondateur garda fidèlement le souvenir de cette première entrevue, et l'année suivante il s'en prévalait dans une lettre au bon Curé pour solliciter de sa charité des ornements destinés à sa future chapelle du couvent de Sainte-Marie qu'il pensait acquérir.

L'abbé Vianney, de son côté, n'oublia ni son visiteur de 1839, ni son Œuvre. « Il avait fait nommer, vers 1838, un brave jeune homme d'Ars, Jean Pertinaud, instituteur dans son pays natal ; mais il rêvait de voir son école de garçons tenue par des Religieux et entièrement gratuite[1]. » Il pria Mgr Devie de lui fournir deux Frères de la Sainte-Famille. Le 10 mars 1849, le Fondateur conduisait à Ars trois de ses sujets, dont deux devaient tenir l'école et le troisième la sacristie. Le Directeur était un religieux de vingt-quatre ans, le Frère Athanase, né Jacob Planche, originaire de Châlon-sur-Saône, et le sacristain, le Frère Constance, remplacé au mois d'octobre suivant par le Frère Jérôme, dans le monde François Dunoyer, de Rumilly, en Savoie.

Le pasteur se chargeait personnellement de l'entretien des nouveaux instituteurs.

« Il n'y eut d'abord qu'un engagement verbal. Ce n'est que six ans plus tard que, par acte notarié

---

[1] *Le Curé d'Ars*, par l'abbé Trochu.

passé en l'étude de M⁰ Raffin, notaire à Trévoux, M. Vianney fit à l'école de garçons une dotation en règle. Il paya immédiatement au Supérieur de la Sainte-Famille de Belley une somme de dix mille francs (que spontanément il éleva bientôt à vingt mille) [1]. Cette école, communale ou libre, au choix du Frère Gabriel, devait être confiée à perpétuité aux Frères de la dite Congrégation, qui auraient le droit d'y avoir des pensionnaires. La commune d'Ars fournirait aux instituteurs le logement gratuit, ferait les grosses réparations et verserait à chacun des maîtres la somme de cent francs [2]. » Si la commune renonçait à cette fondation ou choisissait d'autres instituteurs, ou si les lois venaient à retirer l'enseignement aux Congréganistes, les vingt mille francs devaient rester acquis à l'Institut.

Le Frère Athanase songea bien vite à adjoindre à sa petite école un pensionnat dont bénéficieraient les familles aisées des communes voisines. Timidement, il s'ouvrit de son projet à son saint Curé. « Oui, mon ami, lui répondit sans hésiter « M. Vianney, fondez un pensionnat et vous réus- « sirez. Vous verrez combien de jeunes âmes vous « allez ravir au Grappin ! » En effet, les pensionnaires se présentèrent en grand nombre et il fallut songer à des constructions nouvelles. Le 28 mai 1856, le Curé d'Ars, heureux, rayonnant, bénissait la première pierre du futur pensionnat.

---

[1] A l'aide de cet argent, l'Institut fit l'acquisition, en un lieu dit Charignin, situé aux portes de Belley, d'une propriété qui, outre les productions de son sol, assurait aux Frères un but de promenade des plus agréables et par le beau coup d'œil dont on y jouissait, et par l'air pur qu'on y respirait.

[2] *Le Curé d'Ars*, par l'abbé Trochu.

« En 1872, sous le pastorat de M. Toccanier, le nombre des pensionnaires se multipliant, le zélé Directeur poursuivit l'agrandissement de la maison et lui donna sa forme actuelle. Aux jours de prospérité, le pensionnat abrita jusqu'à quatre-vingts enfants. C'est une telle œuvre, l'œuvre d'un Saint, qui est tombée en 1903, sous les coups de la loi Waldeck-Rousseau.

« Le Frère Athanase dirigea l'école d'Ars pendant quarante-et-un ans et se montra vraiment, par sa science, son autorité et sa vertu, à la hauteur de sa tâche. Pendant dix ans, il fut le « camarade » et l'un des secrétaires de M. Vianney, et donc l'un des témoins des dix plus importantes années d'une existence merveilleuse. Il tenait l'orgue, chantait au lutrin, enseignait le plain-chant, dirigeait les enfants de chœur et les suppléait au besoin. Son sens liturgique était si affiné, il exerçait les enfants avec tant de précision et de goût, que Mgr de Laugalerie, dans une retraite pastorale, le proposa comme modèle au clergé du diocèse en ces termes : « Voulez-vous voir une église « où s'observent à la lettre toutes les cérémonies? « Allez à Ars. Le Frère Athanase est un cérémo- « nial vivant et impeccable. Son exemple vous « dira ce que vous pourrez obtenir si vous le « voulez. »

« Le bon Frère fut aussi secrétaire de la mairie d'Ars de 1849 à 1910, époque où son grand âge l'obligea à résigner cette fonction. Il était très populaire dans le village, et les pèlerins aimaient à le visiter. M. Vianney disparu, le Frère Athanase en resta la chronique vivante. Pendant qu'on lui administrait les derniers Sacrements, à l'âge de quatre-vingt-huit ans, il trouvait encore le moyen de conter aux assistants trois ou quatre traits de la vie du Curé d'Ars. [1] »

Le Frère Jérôme, de son côté, remplit avec bonheur et à la satisfaction de tous, pendant les vingt-cinq ans qu'il a passés à Ars, son emploi de sacristain. Subjugué par les vertus héroïques de l'abbé Vianney, auprès duquel ses fonctions l'appelaient assidûment, et qu'il était souvent obligé de protéger contre les empressements de la foule, il lui voua un attachement sans bornes. Celui-ci, reconnaissant bientôt lui-même les qualités de son fidèle et pieux serviteur, daigna l'honorer d'une affection dont il ne cessa de lui donner les plus touchantes preuves, jusqu'à l'appeler aussi son « camarade », son « ami ». Dans une circonstance où il fut question de changer ce Frère, M. le Curé, dont on désirait l'agrément, voulut le garder. On respecta son désir. Ce fut entre les bras du Frère Jérôme que s'éteignit le saint prêtre.

La vénération qu'il lui a gardée allait jusqu'à l'enthousiasme. Avait-on l'air, devant lui, de douter de la sainteté de l'illustre défunt? Il sortait alors de son calme ordinaire pour le défendre, ainsi qu'il arriva dans une circonstance où il était admis à la table du cardinal Billiet, archevêque de Chambéry. Comme le sacristain d'Ars parlait avec sa verve habituelle de l'abbé Vianney. « Tout de bon, mon cher Frère, lui dit le Cardinal, vous croyez donc que le Curé d'Ars était un brave

---

[1] *Le Curé d'Ars*, par l'abbé Trochu.

homme? — Monseigneur, répondit le Frère avec un geste expressif, non seulement le Curé d'Ars était un brave homme, mais c'était un saint. »

Il resta si plein des souvenirs de ce qu'il avait vu et entendu auprès de lui, que sa conversation en était un écho continuel. Toujours il répétait les mêmes détails avec entrain et admiration, et lorsqu'il était obligé de se faire remplacer dans la visite du presbytère et des autres lieux sanctifiés par la vie du serviteur de Dieu, les pèlerins regrettaient vivement de ne pas l'avoir pour guide et pour interprète.

L'abbé Vianney ne se relâcha jamais dans l'intérêt qu'il portait à la Congrégation de la Sainte-Famille. Il lui envoya près de quarante postulants, fit don à la chapelle de la Maison-Mère d'ornements et de vases sacrés, et y fonda d'abord une messe à dire à perpétuité tous les dimanches et fêtes de l'année pour la conversion des pécheurs, puis vingt autres messes à la même fin.

Toutefois, en 1850, le saint Curé éprouva un profond mécontentement envers son cher Frère Gabriel. Voici à quelle occasion. Ce dernier, à cette époque, fit paraître, avec l'approbation et les encouragements de Mgr Devie, un volume in-18, de près de cinq cents pages sous ce titre : l'*Ange conducteur des pèlerins d'Ars*, contenant : 1° des avis et des considérations sur les voyages en général ; 2° une notice, avec portrait, sur le saint Curé, les œuvres fondées et les indulgences obtenues par lui ; 3° les exercices d'une retraite suivis de réflexions sur les devoirs des différentes conditions.

Le plan de l'ouvrage avait été soumis d'avance

par l'auteur à l'abbé Vianney, qui y avait souscrit, promettant même de faire vendre le futur livre, à raison d'une soixantaine d'exemplaires par semaine, et peut-être par jour, à certaines époques. Il en attendait l'apparition avec une sorte d'impatience, se persuadant, dans son humilité, qu'il contribuerait plus à la sanctification des pèlerins que tout ce qu'il faisait lui-même.

L'*Ange conducteur* a peine sorti des presses, le Frère Gabriel s'empresse d'aller en offrir six exemplaires au Curé d'Ars, qui lui commande sur-le-champ d'en expédier une grosse balle aux marchands de la localité. Sur ces bonnes paroles, le visiteur prend congé, annonçant qu'il reviendra le lendemain avant son départ. Le saint homme passa la nuit à parcourir le nouveau livre et, le jour suivant, dès qu'il aperçoit son ami dans l'église, il l'appelle d'un signe à la sacristie. Là, en tête à tête avec lui, il se met à répandre un torrent de larmes, au point que son surplis en était tout baigné. « Comment, s'écrie-t-il, m'avez-vous trompé de la sorte ? Je ne vous en croyais pas capable. Vous avez fait un mauvais livre. Je ne veux pas qu'il se répande, ni même qu'il subsiste ; brûlez-le bien vite, je vous rembourserai vos frais d'impression. »

Désappointé, terrifié même à ce langage, le Frère Gabriel peut à peine répondre : « Mais, Monsieur le Curé, qu'y a-t-il donc de mauvais dans ce livre? Je n'y ai émis que des idées conformes aux vérités évangéliques que vous prêchez tous les jours. Du reste, s'il contenait quelque erreur, notre Evêque, qui a soumis cet ouvrage à l'examen de prêtres éclairés, ne l'aurait pas revêtu de son approbation. »

Le saint prêtre de reprendre alors, avec l'accent de la plus vive douleur et un redoublement de larmes : « Votre livre est bon, il fera du bien : mais il faut en enlever ce que vous y avez mis au commencement (allusion à quelques mots insérés dans la *Préface* à son éloge). Comment avez-vous pu me donner de semblables louanges, à moi qui ne suis qu'un pauvre pécheur, le plus ignorant des prêtres, qui serai peut-être un jour réprouvé? Les autres curés font du bien, et moi je ne fais que des toiles d'araignée. »

Comme Mgr Devie, à qui fut rapportée la scène, ne permit pas qu'on retranchât rien de l'ouvrage en question, l'abbé Vianney ne voulut jamais y apposer sa signature, ainsi qu'il le faisait pour les autres livres de piété que lui présentaient les pèlerins.

Voici un spécimen des lettres, rares et courtes, écrites au Frère Gabriel, par le saint Curé :

« Mon très respectable Supérieur,

« Je suis très content de vos bons Frères. Je désire bien de les conserver toujours.

« Mes très humbles respects, et le secours de vos bonnes prières.

« **VIANNEY**, *Curé d'Ars*. »

Chapitre XIV

Les dernières années

Dépérissement de la santé. — Un voyage pénible. — Annexion de la Savoie. — Espérances déçues. — Les Frères dans les Mairies. — Vexations de l'Académie. — Bon rang des Savoyards au point de vue de l'instruction. — Projet de réunion avec Saint-Gabriel. — Travaux à la Maison-Mère. — Vaillant jusqu'au bout.

Depuis son dernier voyage de Rome, au cours duquel déjà il s'en plaignait, les lettres du Frère Gabriel accusaient un fléchissement dans son état de santé. Il souffrait particulièrement de névralgies aggravées par les soucis et les craintes qu'il avait eus à supporter. Un voyage qu'il fit en 1860, lui fut, pour cette raison, des plus pénibles.

Il allait ordinairement à pied et ne se ménageait guère. « Je l'ai vu, a dit un Frère qui l'accompagnait, épuisé de lassitude jusqu'à en devenir malade. » Donc, il visitait le Chablais et le Faucigny. Parti de Bons vers les trois heures de l'après-midi, le soleil était déjà bien rapproché de l'horizon quand il arriva à Thonon. De cette dernière ville, il se dirigeait vers les Gets, sans avoir rien pris. Depuis une heure et demie, il s'avançait sur une route inachevée longeant la Drance, dans des gorges affreuses, lorsque la nuit tomba. On pouvait cependant encore distinguer le chemin. Mais à Bioges la route se terminait, et il n'était presque plus possible de suivre la trace du mauvais sentier qui, par de multiples détours à travers les bois, monte en pente extrêmement rapide à La Forclaz. Des bûcherons qui conduisaient à dos de mulet du charbon à Thonon ou à Genève indiquèrent à notre voyageur la direction à suivre et il gravit la montée ; mais sa fatigue était extrême.

Parvenu au village de La Forclaz à deux heures du matin, il se jette sur un lit dans une chambre d'auberge insuffisamment close, et à six heures, sans que sa lassitude l'ait quitté, il se remet en route pour arriver aux Gets vers les onze heures. Là il ne put dîner et ne prit que fort peu de nourriture dans l'après-midi. Il chargea le Frère qui était avec lui de visiter les classes où il voulut cependant venir donner, durant quelques instants, selon son habitude, de pieux avis aux élèves.

La nuit suivante se passa sans repos et, le matin venu, le Fondateur s'achemina toujours à pied dans la direction de Taninges, Dieu sait au prix de quels efforts, ressentant dans les entrailles d'atroces douleurs qui lui enlevaient toute force et lui arrachaient des gémissements à fendre l'âme. Plus de trente fois peut-être, il s'assit sur le talus de la route ou s'étendit sur le gazon, incapable de faire un pas de plus.

Enfin, après d'inexprimables tortures, il arriva à Taninges d'où la voiture publique le transporta à Saint-Jeoire, sans autre incident. Le curé de l'endroit, l'abbé Nachon, prodigua les soins les plus délicats au pauvre Supérieur qui, après une journée de repos, rentra à Belley, sans continuer la visite des établissements de la contrée. A la suite de cette dure randonnée, une humeur maligne, s'étant portée sur l'un de ses yeux, le fit beaucoup souffrir.

Il en rapporta toutefois aussi un agréable souvenir. Comme il passait à Saint-Jean-d'Aulph, devant une auberge où il avait dîné un an ou deux auparavant, l'hôtesse le reconnut, et, allant aussitôt chercher un couteau qu'elle gardait soigneusement serré dans une armoire, elle le lui présenta en disant : « Tenez, Monsieur, voici le couteau que vous avez oublié, lors de votre passage ici telle année. » Il voulut la récompenser, mais ne put lui rien faire accepter.

En 1859, la guerre éclata entre l'Autriche et le Royaume sarde, qui convoitait la Lombardie. Victor-Emmanuel, puissamment secondé par son Premier Ministre Cavour, obtint l'appui de Napoléon III, sous la condition au moins verbale, qu'au cas où la victoire serait donnée à leurs armées, le Comté de Nice et le Duché de Savoie appartiendraient à la France, pour prix de son concours, moyennant toutefois ratification de cette cession par le suffrage populaire. Ainsi Victor-Emmanuel renonçait à un territoire qui avait été le berceau et qui gardait les cendres de ses ancêtres, et dont les habitants s'étaient toujours montrés fidèlement attachés à sa dynastie. La séparation fut consommée en 1860.

Le Frère Gabriel, en excellent Français, ne pouvait que voir avec une grande satisfaction s'adjoindre à sa patrie le pays dont il écrivait dans une Circulaire : « Nous vous dirons que depuis longtemps nous avions appris à connaître la paisible et religieuse Savoie, et que nous l'aimions par prédilection. Nous admirions ses cités pittoresques et sa fertilité, et, dans notre appréciation, nous la classions, ainsi que Nice, au rang des plus beaux pays du continent. Nous nous étions surtout attaché au bon et aimable peuple de la Savoie, à l'intéressante et droite jeunesse de ce pays, qu'un certain nombre de nos Frères y dirigent dans les écoles publiques. Nous nous étions aussi respectueusement attaché à ses prêtres pieux et exemplaires, et à ses saints Evêques, dont nous révérons le nom et les vertus. Dès la formation de notre Institut, ce cher pays nous fournit un grand nombre de sujets pieux et dociles, dont quelques-uns occupent aujourd'hui les premiers rangs parmi nous. Charles-Albert, de glorieuse mémoire, louant le zèle et le dévouement de nos Frères, donna, par des lettres patentes, une existence légale à notre Congrégation. Par un privilège particulier, ce bon Souverain dispensa aussi nos Frères du service militaire. Lorsqu'on voulut, ces dernières années, bouleverser les Communautés religieuses dans les Etats sardes, la nôtre fut classée au rang de celles qui seraient conservées[1]. »

Dans l'acte officiel d'annexion, il fut stipulé que les faveurs concédées par Charles-Albert et ses prédécesseurs, ainsi que tous les droits acquis, seraient maintenus à leurs bénéficiaires, dans les deux provinces cédées. Les tentatives du Fondateur pour obtenir la reconnaissance légale de son Institut en France étaient restées jusque-là infructueuses. Il se plut à penser que, par suite de l'adjonction du Duché à l'Empire, l'approbation dont

---

[1] Circulaire du 1er août 1860.

jouissait sa Congrégation en Savoie serait étendue au reste de la France. Son cœur était donc tout à l'espérance, en même temps qu'à la joie.

Hélas ! la désillusion ne devait pas se faire longtemps attendre. C'est à cette époque que quelques Frères de la Sainte-Famille devinrent Secrétaires de Mairie. Le premier Préfet de Chambéry, M. Dieu, avait demandé, en termes convenables, du reste, au Supérieur qui y consentit, bien qu'il y vît de graves inconvénients, de permettre à ses sujets de se charger de cette fonction, en raison de la difficulté à trouver, dans chaque commune, une personne capable d'opérer le passage des usages administratifs savoyards à la manière de procéder française, qui était beaucoup plus compliquée.

Les justes et bienveillantes dispositions du Préfet ne se rencontrèrent pas en certaines autorités académiques. Non seulement elles agirent comme si l'Institut n'était pas autorisé pour la Savoie, mais elles se montrèrent plus difficiles qu'on ne l'était dans le reste de l'Empire. Le Fondateur était extrêmement gêné pour opérer des mutations. On alla jusqu'à changer de poste certains de ses Frères, sans entente préalable avec lui. La pauvre Savoie semble avoir été regardée, pendant quelque temps, comme un pays conquis. Près de deux cents instituteurs avaient été tirés d'autres régions de la France pour soi-disant régénérer cette province.

On la disait ignorante, et cependant elle figura très honorablement sur la carte que fit dresser, en 1865, M. Duruy, alors ministre de l'Instruction publique. Parmi les quatre-vingts départements de France comparés au point de vue de l'instruction de leurs habitants, la Savoie y tenait le dix-neuvième rang et la Haute-Savoie le dix-septième. Ce résultat était dû, sans nul doute, en grande partie aux instituteurs congréganistes qui, avant l'annexion, dirigeaient de nombreuses écoles dans le Duché. C'était une réponse topique à ceux qui trouvaient la Savoie arriérée, et qui appelaient des instituteurs de la vieille France pour *régénérer* la nouvelle.

A cette époque, la loi de 1850 sur l'enseignement avait déjà reçu de nombreux accrocs. L'esprit bienveillant et impartial qui avait présidé, dans les premières années, à son application, n'existait plus au même degré quand il s'agissait de Congrégations non autorisées. D'autre part, le Frère Gabriel craignait de voir son Institut dépouillé du modeste avoir qu'il avait acquis avec tant de peines. Il songea donc sérieusement à fusionner la Sainte-Famille avec une autre Congrégation qui fût autorisée par le Gouvernement. La réalisation de ce projet eut facilité la fondation de nouveaux postes et sauvegardé les intérêts matériels de la Société. Tel était aussi l'avis de Mgr Chalandon qui fut toujours rempli de bienveillance pour le Frère Gabriel et pour son œuvre.

Mû par ces considérations, le Fondateur, accompagné du Frère Amédée, vice-supérieur, se rendit, vers la fin de 1861 à Saint-Laurent-sur-Sèvres, où se trouve la Maison-Mère des Frères de Saint-Gabriel. L'accueil bienveillant qu'il y reçut et tout ce qu'il y vit d'édifiant le ravit et il s'ouvrit de ses intentions au Supérieur général, le Frère Siméon, qui ne repoussa point ses avances. On traita ensuite l'affaire par correspondance.

Cette union promettait de sérieux avantages à chacune des Congrégations. Saint-Gabriel eut communiqué sa reconnaissance légale en France à la Sainte-Famille, qui lui eut fait partager la sienne dans les Etats sardes, ainsi que son approbation par le Saint-Siège. Fusionnés ensemble, ces Instituts auraient embrassé presque toute la France, avec deux maisons principales, l'une à l'Est, l'autre à l'Ouest.

Les deux Supérieurs généraux offraient de se dessaisir, l'un en faveur de l'autre, de leur autorité, mais les questions du costume et du nom, cette dernière surtout, paraissaient bien difficiles à résoudre, chaque Institut tenant à garder ce qui le distinguait sous ce double rapport.

Sur ces entrefaites, le Frère Siméon donna sa démission de Supérieur de Saint-Gabriel. Son successeur, le Frère Eugène-Marie, vint en juin 1863, à Belley, rendre la visite faite par le Frère Gabriel à Saint-Laurent-sur-Sèvres. Il y fut, sans nul doute, question de la fusion. Toutefois les négociations en cours n'avaient pas encore abouti à une solution, lorsque la mort du Frère Gabriel vint les interrompre à tout jamais.

Au fur à mesure que le besoin s'en faisait sentir, et proportionnellement à ses ressources, le Fondateur avait à cœur d'apporter des améliorations à la Maison-Mère. En 1852, l'Etat ayant voulu établir un passage au Midi de la cathédrale, la Communauté fut obligée de lui céder un terrain d'une largeur de deux mètres, pris sur la chapelle, laquelle, d'un côté, dut être amputée au Nord de ses gracieuses voûtes gothiques qui, avant la Révolution, faisaient partie de la chapelle de Saint Vincent ; de l'autre, prolongée au Sud avec la pièce qui servait de salle de récréation. L'indemnité de huit mille francs allouée par l'Administration en dédommagement du terrain exproprié et des démolitions exigées, fut loin de compenser les dépenses effectuées. Pour achever de les couvrir, le Supérieur de la Sainte-Famile recourut à la prière et fit à ses Frères un appel en ces termes : « Nous avons cru devoir vous inviter à apporter tous une pierre à notre chapelle. Cette pierre, vous la trouverez dans les épargnes que nous vous avons engagés à faire cette année ; et ceux qui ont encore un avoir dans le monde pourront la tirer de cette carrière [1]... »

Sa voix fut entendue, et, l'année suivante, il pouvait leur écrire en les convoquant à la retraite : « La nouvelle chapelle de notre Maison-Mère est enfin terminée, et nous vous l'annonçons avec plaisir. Elle a été bénite très solennellement par Monseigneur notre Evêque, le dimanche 19 juin dernier [2]. »

Une dizaine d'années plus tard le Frère Gabriel fit exécuter des travaux de restauration et d'agrandissement, du côté du jardin. Mgr de Laugalerie qui, déjà le 9 février 1863, était venu consacrer quatre cloches, se retrouva le 15 octobre suivant à la Sainte-Famille pour bénir les nouvelles constructions. Cependant cet immeuble, depuis qu'on

---

[1] Circulaire du 3 août 1852.
[2] Circulaire du 15 août 1853.

le possédait, n'avait subi que fort peu de retouches dans sa partie Ouest. La vente de Tamié lui ayant fourni quelques ressources, le Fondateur entreprit de l'exhausser et d'en distribuer l'intérieur d'une manière plus pratique. Les travaux furent commencés le 18 mars 1864 et poussés avec vigueur. On eût dit que le Frère Supérieur pressentait sa mort, tant il pressait l'exécution de l'œuvre entreprise, tenant, disait-il, à laisser à ses bons Frères une maison achevée, comme un souvenir permanent de sa sollicitude pour eux et de l'amour sincère qu'il leur portait en Notre-Seigneur. Il disait aux siens dans sa Circulaire du 2 juillet 1864 : « Vous avez vu l'importante construction que nous avons faite l'année dernière pour l'agrandissement de notre Maison-Mère. Il manquait à la perfection de cette belle maison, du côté du couchant, des réparations et un autre agrandissement nécessaires pour les compléter. Nous avons osé mettre la main à l'œuvre pour ce travail, comptant sur la Providence et sur votre pieux concours pour nous aider, soit par le petit impôt que vous devez à la Maison-Mère, soit par vos épargnes. » En poursuivant si activement ces derniers travaux, le Fondateur avait un autre but, celui de séparer complètement le Noviciat du reste de la Communauté. La mort ne lui laissa pas le temps de réaliser ce projet.

Les Frères répondirent de nouveau généreusement à l'appel de leur Père. Leur aide ne pouvait être plus opportune, car il avait plus qu'épuisé sa bourse, au point que quand, quelques mois plus tard, Dieu l'eut ravi à l'affection des siens, il fallut emprunter pour faire face aux frais de sa succession [1].

Ni l'âge, ni les infirmités n'arrêtaient le vaillant ouvrier de la vigne du Seigneur. Même dans l'administration temporelle, rien ne lui échappait. Il tenait à tout voir, à tout faire par lui-même, bien qu'il ne manquât pas d'hommes expérimentés capables de le suppléer. Hélas ! ses forces n'étaient plus à la hauteur de son courage. Il le sentait parfois, mais aussitôt que son état s'était un peu amélioré, il se remettait à la besogne comme si de rien n'était.

Au mois de mai 1864, malgré des alternatives d'indispositions fréquentes et de mieux relatifs, il entreprit la visite de ses établissements du Midi et fut heureux, à cette occasion, d'assister à Marseille au couronnement de Notre-Dame de la Garde qu'il avait tant priée au cours de ses deux voyages de Rome. A son retour, il alla visiter les maisons du Faucigny et du Chablais, puis, sans s'être suffisamment reposé des fatigues qu'il en avait éprouvées, celles de la vallée du Guiers et du voisinage de la Grande-Chartreuse. C'en était trop. La plupart des Frères de ces établissements purent constater avec douleur que la santé de leur digne Père était gravement compromise. Il s'en rendait compte lui-même, du moins dans une certaine mesure mais rien ne put l'empêcher d'aller porter à ses fils des marques de son intérêt et s'efforcer de les faire progresser de plus en plus dans

---

[1] Comme sa Congrégation ne possédait pas la personnalité juridique qui lui eut permis d'hériter, le Frère Gabriel légua ses immeubles à M. le Vicaire général Buyat et au Frère Amédée, qui devait lui succéder.

la voie du bien. Il rentra à Belley fatigué, mais rempli de consolations.

Dans la Circulaire qu'il rédigea après son retour, et qui devait être sa dernière, le Frère Gabriel exprimait les satisfactions qu'il avait goûtées, dans ses tournées, tant du côté des Frères instituteurs que du côté des Frères sacristains, et il insistait sur la nécessité, pour les maîtres, de surveiller les enfants. Ce fut son chant du cygne.

Chapitre XV

Portrait du Frère Gabriel

Sa religion. — La facture retrouvée. — Dévotion à la Sainte Famille et à Sainte Anne. — L'apôtre. — Ses succès auprès des enfants. — Prédicateur suppléé. — Conversion de François Taborin. — Le pêcheur de vocations. — Point de chasse sur le domaine d'autrui. — Le père et l'ami. — Constance inébranlable. — Le châtelain irascible. — Imputations mensongères.

Nous touchons au terme de la vie de notre héros. Après en avoir parcouru les différentes phases, il nous reste à mettre en relief les principaux traits qui caractérisent sa physionomie morale.

Avant tout, le Fondateur de la Sainte-Famille s'est signalé par une religion profonde. La vertu de religion, qui porte l'homme à rendre à Dieu l'honneur auquel il a droit, s'exerce principalement par la prière et se manifeste au dehors par les cérémonies du culte ; or, la prière et le culte sacré étaient, peut-on dire, les deux grandes passions du Frère Gabriel.

Dès son enfance et toute sa vie, prier fut à la fois sa plus douce consolation et sa meilleure ressource. Ajoutons-en un nouvel exemple à ceux que nous avons déjà donnés. Pendant qu'il habitait Belmont, un prêtre des environs lui avait confié une somme de six cents francs à remettre, dans un prochain voyage à Lyon, à la maison Périsse, en paiement d'une note de librairie. La commission fut fidèlement exécutée, mais le commerçant omit d'inscrire cette recette sur ses registres, et, deux ans après, il en réclamait le montant à son client. Celui-ci s'en vient à Belmont demander une explication. Le Frère lui déclare que sa dette a été bel et bien soldée et ajoute que si, par oubli, il ne lui a pas remis le reçu du libraire, il espère le retrouver. Puis, comprenant que sa réputation est engagée dans cette affaire, il tombe à genoux au pied de son crucifix et prie avec ferveur. Sa prière ne fut pas vaine : ayant feuilleté les nombreux papiers amoncelés dans son bureau, il ne tarda pas à mettre la main sur la facture en question.

Quant au culte divin, le Fondateur l'avait tant à cœur, qu'il assigna comme fonctions spéciales aux membres de son Institut, en même temps que la direction des classes, la tenue des sacristies. Il aimait lui-même à décorer les autels et à chanter au lutrin, et rien n'était jamais trop beau à son gré, en fait de chapelles ou d'églises, d'ornements et de vases sacrés.

Deux dévotions remplissaient particulièrement son âme : celles de la Sainte Famille et de Sainte

Anne. La Sainte Famille, comment exprimer la tendresse, la vénération et la confiance dont son cœur débordait pour elle ? Ce sont ces sentiments qui l'avaient porté à mettre sous son patronage sa Congrégation. Il fit composer, par un vénérable chanoine, un office spécial en son honneur, et chaque année, il donnait toute la solennité possible à sa fête qu'il obtint de célébrer pendant la retraite annuelle, afin que les Frères, réunis au complet à cette occasion, pussent y prendre part.

Non seulement la Sainte Famille en général, mais aussi chacun de ses trois augustes membres en particulier, Jésus, Marie et Joseph était l'objet de sa brûlante piété.

Notre-Seigneur Jésus-Christ, il l'adorait principalement dans ses deux touchants mystères de l'Eucharistie et de la Passion. Les heures ne lui duraient pas au pied du Tabernacle, et pour honorer publiquement les souffrances et la mort du divin Rédempteur, il fit ériger les Stations du Chemin de la Croix dans ses deux chapelles de Belmont et de Belley et, de plus, en 1852, décorer le portail d'entrée de la Maison-Mère d'une belle croix en fer qui fut bénite, en présence d'une foule nombreuse, par Mgr Chalandon.

Trois actes officiels, entre nombre d'autres témoignages, attestent éloquemment la piété filiale du Fondateur envers la Mère de Dieu : c'est d'abord, le 11 octobre 1840, l'agrégation de son Institut à l'Archiconfrérie de Notre-Dame des Victoires, de Paris ; c'est, en second lieu, la consécration perpétuelle à la Très Sainte Vierge qu'il accomplit lui-même le premier, dans la chapelle de Belley le 2 février 1755 et qu'il prescrivit ensuite d'accomplir à tous ses sujets ; c'est enfin, le 25 juillet de la même année, en souvenir de la promulgation faite par Pie IX le 8 décembre 1854, du dogme de l'Immaculée-Conception, la solennelle érection, dans le jardin de la Communauté, d'une magnifique statue de Marie-Immaculée. Cette dernière fête, présidée par le premier Pasteur du diocèse, se termina, le soir, par une splendide illumination au dehors.

Le Frère Gabriel n'était pas moins tendrement attaché à Saint Joseph. Il l'avait donné pour unique Patron aux premiers disciples qu'il avait essayé de faire vivre en commun à Saint-Claude, il recourait à lui, notamment dans ses besoins temporels, et était heureux de publier que le glorieux Patriarche lui avait procuré une maison. Aussi voulut-il, pour le glorifier, placer, en 1863, sa statue dans une niche du clocher de la chapelle de Belley, du côté du jardin.

La dévotion à Sainte Anne était, nous l'avons vu, héréditaire dans la famille Taborin, mais dans aucun de ses membres, elle ne jeta de plus profondes racines que dans Gabriel. Il aimait à se proclamer redevable à l'Aïeule du Sauveur de nombreuses faveurs particulières, et sa reconnaissance pour elle s'accroissait avec les années. Il en a donné bien des preuves effectives. L'oratoire réédifié par son père sur les ruines de la chapelle que la Révolution avait détruite ne satisfaisait pas sa piété. Dès 1835, d'accord avec le maire de Belleydoux, M. Mermet, et son curé, l'abbé Mermillod qu'il avait prié de recueillir des offrandes, il demandait par lettre à Mgr Devie la permission de bâtir une nouvelle chapelle et de solliciter à Rome, outre une relique de Sainte Anne, l'établissement d'une Confrérie en son honneur.

S'il ne put, comme il l'eut désiré, élever le pieux édifice entièrement à ses frais, en raison de son manque de ressources et de son vœu de pauvreté, il contribua du moins pour sa quote-part à la souscription paroissiale, fit dresser un plan par son Frère économe, et la chapelle une fois construite à vingt mètres de l'ancien oratoire, avec l'aide des habitants qui y allèrent de leur argent, de leurs matériaux, de leurs corvées, il la dota de deux beaux tableaux et d'un précieux reliquaire dû à la générosité de Grégoire XVI. Quand, à sa requête apostillée par Mgr de Laugalerie, successeur de Mgr Chalandon, le Saint-Siège eut accordé, avec de riches indulgences, la Confrérie désirée, il composa un Manuel à l'usage de ses membres.

L'érection canonique de ladite Confrérie, le 26 juillet 1862, fut l'occasion d'une belle fête à laquelle était venu prendre part le Supérieur de la Sainte-Famille qui reçut à cette occasion de ses compatriotes, l'accueil le plus respectueux et le plus sympathique.

Aux différents dons d'ornements, de vases sacrés, de chandeliers, de lingerie, et même d'un harmonium qu'il avait déjà offerts à son cher sanctuaire de Sainte Anne, le Frère Gabriel ajouta celui d'une cloche de soixante-dix-neuf kilogrammes et revint assister à la cérémonie de sa consécration qui eut lieu le 26 juillet 1864. C'était la dernière fois que cet illustre enfant de Belleydoux se retrouvait dans son pays natal. Toutefois, avant de mourir, il eut la consolation d'y envoyer des Frères de la Sainte-Famille pour en instruire les enfants.

Notre héros était né apôtre. Donner des âmes à Dieu par le moyen de l'éducation chrétienne de la jeunesse, voilà la noble ambition qui dévorait son cœur. Il réussissait d'ailleurs à merveille auprès des enfants, en particulier quand il lui était donné de les préparer à leur première communion. Il savait si bien gagner leur confiance, qu'ils n'avaient aucune peine à s'ouvrir à lui. Il profitait de ces épanchements pour les disposer à se bien faire connaître à leur confesseur, et ses avis étaient si efficaces qu'un grand nombre retournaient au confessionnal et recevaient une nouvelle absolution, après les avoir entendus. Le dernier soir d'une retraite qu'il venait de donner, le Curé de la paroisse lui dit, en lui serrant les mains et en versant des larmes : « Oh ! mon cher ami, que de bien vous avez fait, que de mal vous avez empêché ! »

Revenant un jour dans un autre endroit où il avait rempli le même ministère, il entendit le pasteur lui tenir ce langage : « Ah ! Frère Gabriel, que vous avez fait de bien à mes jeunes paroissiens ! les chers enfants en éprouvent encore aujourd'hui les heureux effets. » Et pour confirmer cette affirmation, le digne curé contait ce trait :

« Un soir, vers les dix heures, on vient m'avertir qu'une personne gravement malade réclame mon ministère. Je me hâte de rejoindre le messager. C'est un jeune homme de dix-sept à dix-huit ans. Il entre avec moi dans l'église, mais il m'arrête vers le confessionnal, en me disant : « C'est moi, Monsieur le Curé, qui suis « le malade ; je vous prie de vouloir bien me « confesser. » J'entrai au confessionnal, et le jeune homme se confessa. En sortant de l'église, je ne pus m'empêcher de lui demander comment il avait pu venir de si loin et par une nuit si obscure. « Ah ! Monsieur le Curé, me répondit-il, « je n'ai jamais oublié la retraite de ma première « communion prêchée par le Frère Gabriel. Il « nous a dit, entre autres choses, qu'il ne fallait « jamais aller se coucher avec un péché mortel « sur la conscience, parce qu'on pourrait se réveil- « ler dans l'enfer. C'est la raison pour laquelle « j'ai troublé votre repos. » En rentrant au pres- bytère, je glorifiai Dieu, mon cher Frère Gabriel, de la bénédiction accordée à vos travaux dans ma paroisse. »

Dans ces sortes de retraites, notre zélé apôtre montait en chaire et prononçait des allocutions très pathétiques, parsemées de paraboles, insistant surtout sur les avantages de l'état de grâce. Il était doué, du reste, d'une grande facilité d'élocution. Un jour de fête patronale, M. le Curé de Belmont attendait un confrère qui devait prêcher aux vêpres. L'assistance remplissait l'église et débor- dait même au dehors. Cependant le *Magnificat* est commencé et le prédicateur n'est pas arrivé. Ne se sentant pas en état de le remplacer, l'abbé Gâche commande au Frère Gabriel, qui assistait dévotement à l'office, de donner le sermon. Celui- ci s'excuse sur son manque de préparation. Le pasteur une seconde, puis une troisième fois, réi- tère son ordre d'un ton de plus en plus impératif.

En face de cette insistance, persuadé que Dieu, en la circonstance, manifeste sa volonté par l'organe de son ministre, le Frère tombe à genoux au pied de l'autel pour implorer l'assistance du Saint-Esprit et gravit les degrés de la chaire. Pendant une heure, il tint son auditoire suspendu à ses lèvres par une chaude improvisation sur ces deux pensées : Ce que les saints ont fait pour se sanctifier et ce que nous devons faire pour atteindre le même but. « Jamais, lui dit ensuite M. le Curé, prédicateur n'a donné meilleur sermon. »

S'il aimait toutes les âmes, le Fondateur affectionnait spécialement celles de ses proches. François, son frère aîné, négligeait, depuis un certain nombre d'années, ses devoirs de chrétien. Le pieux religieux en gémissait et demandait de temps à autre à M. le Curé de Belleydoux si le pauvre retardataire n'était pas encore revenu à la pratique de la religion ; toujours les réponses étaient négatives. Il devait le ramener lui-même à Dieu. François, dont la bourse était peu garnie, vint visiter son frère à Belley. Peut-être en espérait-il quelques subsides. Si ce dernier ne put le secourir dans ses besoins matériels autant qu'il l'eut désiré, du moins assistait-il son âme, pendant les quelques jours qu'il le garda près de lui, par de chaleureuses exhortations à revenir à sa ferveur d'autrefois. L'aîné écoutait attentivement, il convenait que son cher prédicateur avait parfaitement raison, il promettait sincèrement de se convertir, et, en attendant, il s'apprêtait à quitter Belley sans avoir encore mis ordre aux affaires de sa conscience. Mais Dieu eut égard aux prières du zélé Supérieur : l'obstiné pécheur, qui déjà avait retenu sa place à la voiture publique, tomba gravement malade ; et cette fois, en face de la mort qui le menaçait, aidé par son charitable frère, il reçut avec piété les sacrements, dont il continua dans la suite à s'approcher de retour dans sa paroisse. Il termina très chrétiennement ses jours à l'Hôtel-Dieu de Lyon, où on l'avait conduit au cours d'une maladie ultérieure.

Ce fut uniquement en vue de leur bien spirituel que le Frère Gabriel accueillit auprès de lui, à titre de novices, deux de ses neveux et six de ses petits-neveux. L'un de ces derniers, en particulier, dut faire beaucoup d'instances, et il ne fut admis qu'à la suite de pressantes sollicitations d'un vicaire de Nantua auquel le Fondateur avait écrit : « Je voudrais bien recevoir ce pauvre enfant, tout paraît militer en sa faveur, surtout le danger auquel il sera exposé dans le monde. Mais pour l'admettre ici gratuitement, cela présente beaucoup de difficultés ; non seulement parce que la mauvaise année a mis notre Communauté à la gêne, mais encore parce que cet enfant m'est parent. Je n'aime pas à passer aux yeux de ma Communauté pour être trop attaché à mes parents et pour faire des sacrifices en leur faveur, vu que j'ai deux cents religieux qui pourraient me prier aussi de recevoir leurs jeunes frères ou leurs neveux qui sont pauvres. Je porte sincèrement de l'intérêt à mes pauvres parents, mais mon rang de Supérieur, mon vœu de pauvreté et l'état de gêne où se trouve encore notre Communauté ne me permettent pas de faire tout ce que je voudrais pour eux. Néanmoins je préparerai les voies pour recevoir mon petit-neveu

François ; mais il faut bien du temps pour réussir. »

Le zèle du Fondateur le portait à accroître le plus possible le nombre de ses sujets. Il ne laissait passer aucune occasion de saisir une vocation qui semblait se révéler. Un jour, il faisait la visite d'une école d'adultes, en Savoie ; arrivé au dernier élève, après lui avoir posé quelques questions, il lui dit en lui frappant sur l'épaule : « Dans quinze jours, vous serez des nôtres. » De fait, deux semaines plus tard, le jeune homme arrivait à Belmont : ce fut le Frère Théodore.

Une autre fois, c'était à Lyon. Pendant qu'il prenait une modeste réfection dans un restaurant, le Frère Gabriel remarqua que le garçon de service était tout pensif et qu'il poussait même des gémissements. « Mon ami, lui dit-il, vous paraissez affligé. — Et comment ne le serais-je pas, répond le jeune homme, en voyant que je me damne tandis que d'autres gagnent le ciel ? » Après quelques explications, le Fondateur proposa à son interlocuteur de se faire religieux. Celui-ci acquiesça à cette ouverture avec bonheur, et l'on convint de l'époque où il viendrait à la Sainte-Famille. Le démon multiplia ses tentations les plus séductrices pour retenir notre postulant dans le monde. Deux fois il se dirigea vers Belmont, et deux fois il retourna sur ses pas. Enfin, la troisième fois, la grâce de Dieu l'emporta : il accomplit sa démarche jusqu'au bout et il persévéra jusqu'à la mort dans sa vocation.

Le 15 juillet 1858, le Frère Gabriel se rencontra avec un jeune homme dans une voiture publique. En cours de route, jugeant que son compagnon de voyage n'était pas fait pour le monde, il l'entretint de l'état religieux. Celui-ci se résolut à tout quitter aussitôt pour entrer à la Sainte-Famille. Il y vint et y fut un modèle d'esprit religieux pendant son noviciat et le reste de sa vie.

Cette ardeur pour le recrutement de son Institut, le vénéré Supérieur s'efforçait de la communiquer à ses fils spirituels. Il leur écrivait : « Chaque jour nous recevons de nouvelles demandes pour avoir de nos Frères. Puisque la moisson est si abondante de toutes parts et que les ouvriers manquent, nous vous invitons instamment à prier Dieu d'en envoyer. Recrutez-en vous-mêmes, autant que vous pourrez ; rivalisez tous de zèle à cet égard, afin d'être utiles à notre Communauté et aux paroisses qui désirent si ardemment des Frères [1]. — Plus de onze mille Frères nous ont été demandés de toutes les parties de la France et de quelques autres pays. Chaque jour nous enregistrons encore de nouvelles demandes, auxquelles nous sommes loin, à notre grand regret, de pouvoir satisfaire, parce que les sujets nous manquent [2]. — Vous ne devez pas ignorer que les postulants qui sont selon le cœur de Dieu et qui remplissent d'ailleurs toutes les autres conditions exigées par nos Règles, sont d'une immense ressource pour notre Congrégation : ils contribuent à étendre ses rameaux au loin et à satisfaire aux nombreuses demandes qui nous sont faites. Vous devez tous, sans exception, montrer le plus grand zèle sur ce point, vous seriez très blâmables en

---

[1] Circulaire du 22 août 1850.
[2] Circulaire du 15 août 1853.

agissant autrement, et vous ne montreriez pas que vous aimez votre corporation [1]. — Si, à votre arrivée pour la retraite, vous étiez accompagnés de quelques pieux postulants, vous apporteriez une double joie dans notre cœur et dans notre famille religieuse. Les demandes qu'on nous adresse pour avoir de nos Frères sont si nombreuses que nous sommes obligé de vous inviter à unir vos prières aux nôtres pour que Dieu nous envoie des sujets. La moisson ne fut jamais plus abondante, surtout depuis que la Savoie est devenue française [2]. — On nous fait de nouvelles demandes pour les églises ; on nous en fait aussi pour les écoles et pour d'autres bonnes œuvres auxquelles notre Institut pourrait donner son concours, s'il avait suffisamment de sujets pour répondre à toutes ces demandes. Il faut donc que vous vous montriez tous zélés pour procurer à notre Congrégation, mais avec discernement, des postulants pieux et intelligents (nous ne tenons pas tant au nombre qu'à la valeur des sujets) [3]. »

Si désireux toutefois que fût le Fondateur de voir grandir son Institut, pour rien au monde, il n'aurait souffert que cet accroissement se fît au mépris des droits d'autres Congrégations. Le 3o octobre 1835, il sollicitait de Mgr Devie une règle de conduite au sujet d'un jeune homme de la Providence de M. Collet, de Lyon, et de deux Frères de la Croix de Jésus de M. Bochard, qui demandaient à être admis dans la Sainte-Famille.

---

[1] Circulaire du 6 août 1854.
[2] Circulaire du 1er août 1860.
[3] Circulaire du 2 juillet 1864.

Il écrivait, en 1850, à un autre postulant qu'il avait connu à Vourles : « Je tiens aux bons sujets, mais je ne voudrais pas, dans un but quelconque, faire l'œuvre du démon en les détournant d'une Société approuvée par l'Eglise. Vous connaissez mieux que moi votre position et les motifs qui peuvent vous engager à venir à nous. Pesez-les bien devant Dieu et faites, dans cette circonstance, ce que vous voudriez avoir fait à l'heure de la mort. J'ai communiqué votre lettre à notre vénérable évêque. Sa Grandeur vous verrait venir avec plaisir si rien de votre part et de celle de M. Querbes ne s'y opposait. »

Deux novices s'étaient échappés furtivement de l'abbaye d'Hautecombe pour venir demander au Frère Gabriel d'être reçus dans son Institut. Il leur fit comprendre combien était blâmable une telle conduite, refusa de les admettre et les engagea à réintégrer leur monastère. Sur leur réponse qu'ils n'y seraient pas accueillis pour en être partis irrégulièrement, il s'offrit à les y reconduire et à solliciter leur pardon, qu'il obtint, en effet, du Père Abbé. Pendant la traversée du lac du Bourget, une tempête furieuse mit les passagers en péril de mort. Au milieu des bateliers abattus et des **deux** déserteurs consternés, seul, plein de vaillance et d'espoir, le Frère Gabriel priait à haute voix et chantait les Litanies de la Sainte Vierge.

Le Supérieur de la Sainte-Famille excellait tout particulièrement par les qualités du cœur : compassion, bonté, générosité. Miséricordieux pour les pécheurs repentants, surtout lorsqu'il s'agissait d'un premier manquement procédant de la faiblesse plus que de la malice, il n'hésitait pas à leur pardonner, encouragé dans cette voie par Mgr Devie qui lui disait : « Quel bonheur ce serait pour vous quand, en agissant avec indulgence, vous ne feriez éviter qu'un seul péché mortel ! »

Il écrivait à ses Frères : « Portez vos regards autour de vous et voyez, avec l'œil de la charité, s'il n'y aurait pas quelque brebis qui voulût s'échapper du troupeau que le Seigneur nous a confié. Si vous en rencontrez une seule, courez après elle, et, si elle a peur, rassurez-la ; si elle ne peut marcher, chargez-la sur vos épaules pour la ramener. Oui, emmenez avec vous ce confrère. Il a eu le malheur de se dégoûter du joug du Seigneur, quoique doux et léger ; rappelez-lui que Dieu, voyant que nous étions exposés à nous perdre dans ce monde, nous a dit de le fuir, et, qu'après l'avoir quitté, nous ne devons jamais y retourner, ni même tourner nos regards vers lui. Assurez à ce frère infidèle que nous le recevrons avec bonté, qu'il aura part à nos affections paternelles, qu'il sera pendant la retraite, comme les autres brebis du troupeau, admis aux pâturages du Seigneur, secouru par la grâce divine et fortifié par les sacrements. »

On comprend qu'un cœur si aimant et si délicat se soit attiré non seulement l'attachement des enfants de la Sainte-Famille, mais encore celui de nombreuses personnes du dehors. Mgr de Chamond, les trois premiers évêques qui se sont succédé à Belley depuis la Révolution, le cardinal Billiet, évêque de Chambéry et Mgr Vibert, évêque de Saint-Jean-de-Maurienne, ont honoré le Frère Gabriel de leur amitié. Mgr Rendu, évêque d'Annecy, voulait bien lui écrire : « Personne ne prend plus intérêt que moi à l'Œuvre si bonne et si utile que vous dirigez. » Quant à Mgr Dépéry, évêque de Gap, qui déjà l'aimait, le protégeait et, au besoin, le défendait, quand il était Vicaire général de Belley ; promu à l'épiscopat, il continua à lui témoigner son affection par une fidèle correspondance, de pressantes invitations à le venir voir, et un cordial accueil plus d'une fois renouvelé à son foyer. Sans parler de plusieurs notables personnalités du monde laïque, de nombreux membres du clergé furent encore des amis sincères du Supérieur de la Sainte-Famille. A la suite du Saint Curé d'Ars et des dignes ecclésiastiques mentionnés plus haut, nous citerons les abbés Mermillod, curé de Belleydoux ; Fillion, chanoine titulaire de Belley après avoir été archiprêtre de Yenne ; Colletta, curé d'Oyonnax ; Nachon, curé de Saint-Jeoire-en-Faucigny, dont les lettres à notre héros sont toutes empreintes de cordialité, de reconnaissance et de dévouement.

Enfin, le Frère Gabriel se distingue par sa fermeté patiente et persévérante. Ni les insuccès ne le découragent, ni les injures ne l'émeuvent, ni la calomnie ne l'abat.

Décidé à donner à Dieu, en sa propre personne et en celle de compagnons recrutés et formés par ses soins, une nouvelle milice, il en revêt avec enthousiasme la livrée aux Bouchoux en 1824. C'en est fait, cet uniforme de soldat du Christ, il le portera jusqu'à son lit de mort. Bien des fois, hélas ! aux étrangers qui lui demanderont dans la suite de combien de membres se compose la Congrégation dont il porte l'habit, il devra répondre qu'il en est, pour le moment, le seul représentant.

A bref délai, en effet, les disciples qu'il a d'abord réunis l'ont tous abandonné. Il recommencera son entreprise pour échouer encore. Ces essais infructueux se répéteront. A maintes reprises, le personnel disparaîtra, les ressources matérielles feront défaut. Qu'importe, l'intrépide Fondateur reprendra toujours son œuvre jusqu'à ce que enfin, après quatorze ans d'efforts ininterrompus et d'inlassable persévérance, elle prenne pied solidement pour aller toujours ensuite en s'affermissant davantage.

Au cher costume religieux qu'il a adopté pour lui et pour les siens, on fera longtemps une guerre, tantôt cachée, tantôt ouverte, mais toujours acharnée et implacable : envers et contre toutes les oppositions, de si haut qu'elles viennent, il en sauvegardera l'intégrité, à une légère modification près : l'adjonction du rabat bleu. Sans heurter l'autorité légitime à laquelle il demeure toujours humblement soumis, il lui apporte de si bonnes raisons qu'il en obtient le maintien de l'habit de son choix.

Dans une lettre du 15 novembre 1835, le Frère Gabriel représentait respectueusement à Mgr Devie que l'Archevêque de Lyon avait voulu que les Frères de Saint-Viateur adoptassent le costume des ecclésiastiques, et il ajoutait que les Frères de La Croix-de-Jésus, de M. Bochard, le portaient également. « Il me paraît, concluait-il, que ce costume convient mieux encore à notre Société, puisque ses membres sont tous destinés au service de l'église comme des clercs, et qu'ils seront tous, comme les prêtres, consacrés à Dieu par des vœux. » Nouvelle lettre à l'Evêque de Belley sur le même sujet, le 26 août 1840, dans laquelle il était dit : « Quant à notre costume, contre lequel votre clergé se récrie tant, vous pouvez le tranquilliser à cet égard ; nous y ferons la réforme que Votre Grandeur voudra. Mais je crois qu'il serait bon d'aller doucement en ce point, pour bien des considérations. Votre Grandeur trouvera toujours en nous des enfants soumis, qui respecteront la moindre de vos volontés. » Le prélat jugea bon de ne rien changer.

La même fermeté d'âme qu'il mit à suivre sa belle vocation, le Fondateur l'apporta à supporter les injures et les calomnies. Le Baron de Champdor ne passait pas pour être, dans sa conduite privée, d'une irréprochabilité absolue. A l'époque où le Frère Gabriel remplissait auprès de ce personnage les fonctions de régisseur, il lui arriva, un jour, à table, de faire une allusion indirecte à ces bruits défavorables qui couraient dans le public. A l'instant le Baron se lève et, furieux, se répand en injures contre son hôte. Le Frère garde le silence, achève de dîner et se retire. Au repas suivant, il n'est pas appelé à l'heure accoutumée, mais un peu plus tard, et on le sert seul. Il prend son repas et continue son train de vie ordinaire, comme si de rien n'était. Voyant que le régisseur prend son parti de l'isolement où on le laisse à dessein, le châtelain n'y tient plus ; il l'aborde dans la cour et vomit à son adresse tout ce que l'exaspération peut inventer de plus ignoble. L'insulté demeure impassible et ne souffle mot. Sa colère augmentant, le Baron s'agite, il se soulève, comme pour tomber sur le Frère et l'écraser en s'écriant : « Me répondrez-vous ? Dites-moi

au moins un mot pour me soulager. » Toujours
imperturbable, l'interpellé se contente d'esquis-
ser un sourire de compassion.

Alors la fureur du châtelain atteint son paroxys-
me, et il tombe évanoui. Aussitôt le Frère Gabriel
appelle des aides, porte le Baron sur son lit et lui
donne les soins nécessaires. Lorsque la crise est
passée, le charitable Samaritain se retire, laissant
l'agité reprendre son calme. Le lendemain le
Baron va le trouver et lui dit : « Ah ! mon Frère,
vous êtes bien plus heureux que moi ! » Et il ne
fut plus jamais question du malencontreux incident.

Au cours de 1839, le Supérieur de la Sainte-
Famille avait été faussement accusé auprès de son
évêque de faire de trop grandes dépenses pour sa
table et de s'être permis des propos inconvenants
à l'égard de Sa Grandeur. Mgr Devie s'étant enquis
auprès de M. le Curé de Belmont du bien fondé
de ces imputations malveillantes, l'abbé Gâche
en prévint l'intéressé. Celui-ci, très sensible à de
tels rapports, se contenta d'adresser à son premier
Pasteur ces lignes si humbles et si dignes à la
fois :

« Monseigneur, M. le Curé de Belmont m'a fait
part de la lettre que vous lui avez adressée. Je vous
prie de ne point croire tout ce qu'on a pu faire
entendre à Votre Grandeur touchant ma conduite
au point de vue de la nourriture. Je ne suis point
parfait : j'ai mes défauts, mais je travaille à m'en
corriger et prie tous les jours à cette fin. Je ne
crois cependant pas avoir dévié de la Règle dans
mes repas. Je ne crois pas non plus avoir dit des

Village où se trouve la maison qu'habitait le Frère Gabriel
Belleydoux (Ain)

choses qui prêteraient au ridicule en parlant des bontés et de la protection que vous voulez bien nous témoigner. Je ne voudrais pas qu'on fît entendre à Votre Grandeur des choses qui ne sont pas et qui pourraient nuire à notre établissement, et la détourner des bonnes dispositions qu'Elle a pour nous et auxquelles nous attachons le plus grand prix. »

Chapitre XV

La Mort

Affaiblissement progressif. — La séance interrompue. — Parfaite résignation. — Pieuse réception des Sacrements. — Le dernier soupir. — Les funérailles. — Le testament spirituel. — Reconnaissance pour les grâces reçues. — Attachement à la Religion. — Suprêmes recommandations aux Frères.

En arrivant à Belley pour la retraite annuelle, à la fin de septembre 1864, les Frères de la Sainte-Famille s'aperçurent que la santé de leur pieux Fondateur avait grandement décliné. Sa tâche ici-bas était terminée et sa récompense pour tant de travaux et de vertus était prête. Avec Saint Paul, il pouvait s'écrier, au sujet de l'œuvre qui lui avait été confiée : « J'ai combattu le bon combat, j'ai achevé ma course, j'ai conservé la foi ; il ne me reste plus qu'à attendre la couronne de justice qui m'est réservée[1]. » Un grand sacrifice allait être imposé à ses fils spirituels.

---

[1] II, Tim., iv, 7.

Depuis le mois de juillet, on remarquait chez le vénéré Supérieur un dépérissement qui, pour être peu sensible, n'en annonçait pas moins une perturbation dans cette robuste constitution. Les aliments n'étaient plus pris en quantité suffisante pour soutenir ses forces, qui diminuaient chaque jour. A l'occasion de la retraite, le malade voulut, malgré son état de faiblesse, se livrer aux travaux qui lui incombaient d'ordinaire en semblable circonstance, mais, au milieu de la première séance qu'il présida pour décider des mutations à faire dans le personnel de l'Institut, ses forces le trahirent et il fut contraint de se remettre au lit.

Les Frères du dehors durent regagner leurs postes sans avoir joui de la consolation de le revoir pour lui demander sa paternelle bénédiction et recevoir ses sages conseils.

En dépit d'espérances contraires, la maladie ne cessait de faire des progrès, quoique peu sensibles, d'abord, et tous les efforts de la science médicale n'obtenaient aucun résultat satisfaisant. Bientôt le mal empira à vue d'œil.

Cependant le Fondateur reçut avec une grande consolation la visite de son évêque, Mgr de Langalerie. Pendant que de tous côtés on priait pour qu'il guérît, lui, sans se faire illusion sur son état, offrait généreusement à Dieu le sacrifice de sa vie. Jamais il ne voulut s'unir aux supplications que de tous côtés, ecclésiastiques, Communautés religieuses, personnes pieuses adressaient au ciel pour sa conservation. Quand on l'invitait à le faire, il répondait : « Tout ce que je demande, c'est que la volonté de Dieu s'accomplisse en moi. Je ne réciterais pas seulement un *Ave Maria* pour obtenir ma guérison. » Il voyait approcher sa fin avec la paix et la tranquillité du juste et il en parlait avec un calme admirable.

Un jour, il disait à son entourage : « Il ne faut point redouter la mort, puisque c'est elle qui nous envoie au Ciel, où nous aurons le bonheur de voir Jésus, notre bon Maître et Sauveur. » De temps en temps, il se faisait lire les Litanies de la bonne mort, et se livrait de toute son âme aux beaux sentiments qui y sont exprimés d'une manière si touchante.

Le vendredi 18 novembre, il reçut les derniers sacrements avec une foi vive et une tendre piété ; et, lorsqu'il demanda pardon à ses Frères réunis autour de son lit, des peines qu'il aurait pu leur causer et des mauvais exemples qu'il aurait pu leur donner, les sanglots éclatèrent.

Le mardi 22, il reçut, avec de visibles sentiments de componction, l'indulgence applicable aux fidèles qui se trouvent à l'article de la mort. Dans la journée du 23, il fut plus souffrant, la respiration lui devint plus difficile ; il voyait lui-même que sa fin approchait, et il le disait tranquillement. A un moment donné, reportant sa pensée sur ses enfants spirituels disséminés en divers lieux, il s'écria : « Que ne sont-ils tous là, ces chers bons Frères, pour que je les voie encore une fois, et que je leur donne une dernière bénédiction ! » Peu après, il reprit : « Je bénis mes Frères à chaque instant ; puisse cette bénédiction leur porter bonheur ! »

A l'approche de la nuit, le patient éprouvait un malaise plus prononcé, et, à trois heures et demie du matin, il rendait son âme à Dieu, sans agonie, comme une personne qui s'endort.

Après être restée dans une chapelle ardente les journées du jeudi 24 et du vendredi 25, sa dépouille mortelle reçut la sépulture le samedi 26. Ont assisté à la funèbre cérémonie : outre le Chapitre de la Cathédrale, les Professeurs du Petit Séminaire, une délégation des Pères Maristes et des autres Congrégations religieuses du diocèse, les notabilités de la ville et une grande partie de la population. Plusieurs Frères du voisinage, qui avaient pu être avertis à temps, étaient venus se joindre à la Communauté de Belley, pour rendre les derniers devoirs à leur bien-aimé père, l'âme brisée de douleur.

Quelques mois avant sa mort, le Frère Gabriel avait rédigé son testament spirituel. C'est une page admirable, toute imprégnée des plus beaux sentiments d'humilité, de foi, de piété, de confiance en Dieu et de dévotion envers la Très Sainte Vierge. Nous ne pouvons nous dispenser d'en donner un court aperçu et d'en citer quelques passages.

Cet écrit se divise en trois paragraphes ayant trait : le premier, aux grâces dont a été favorisé le rédacteur ; le second, à ses dispositions relativement à la religion ; le troisième, à ses sentiments envers sa Congrégation.

I. — « J'atteste, avec de grands sentiments de reconnaissance envers la divine Bonté, que j'ai eu le bonheur d'appartenir à des parents chrétiens, qui m'ont élevé dans des principes religieux. Je les en remercie de tout mon cœur, et prie Dieu de les en récompenser dans le ciel où j'ai la douce et consolante pensée qu'ils sont placés, et où j'espère les aller rejoindre...

« Je déclare que, dès ma plus tendre jeunesse, je sentais des inclinations particulières pour la vie religieuse. Je n'aspirais qu'après le moment où il me serait donné de me consacrer à Dieu dans ce saint état. Devenant religieux, je devais certainement être le dernier dans une Communauté, vu mon indignité, mon peu de talent et de science. Je ne me serais jamais imaginé que la Providence, en laquelle j'ai toujours eu la plus grande confiance et qui m'a toujours assisté d'une manière visible, aurait choisi un si faible instrument pour former une Congrégation religieuse que le Souverain Pontife a daigné approuver, et pour l'amener, avec l'aide de Dieu, au point où elle est aujourd'hui. J'en rapporte toute la gloire à ce Dieu de bonté, et je le remercie très humblement d'avoir bien voulu me confier une telle mission...

« Le Seigneur a daigné me combler de grâces innombrables. Hélas ! je n'y ai peut-être pas assez correspondu ; je m'en humilie profondément devant lui et lui en demande pardon, le priant d'avoir plutôt égard à ma faiblesse qu'à ma malice...

II. — Je désire mourir dans la Religion catholique, apostolique et romaine, à laquelle j'ai toujours été profondément attaché, ainsi qu'au Souverain Pontife. Toute ma vie j'ai profondément révéré tout ce qu'elle enseigne. Je confesse, à la face du ciel et de la terre, que je n'ai jamais eu de doutes contraires à la foi. J'ai constamment aimé du fond de mon cœur notre sainte Religion, et j'aurais versé mon sang pour elle, si quelque circonstance m'y avait obligé...

« Je fais de bon cœur le sacrifice de ma vie par amour de Dieu et en expiation de mes péchés. Je quitterai la terre sans regret, parce qu'elle est couverte de misères et de péchés, et qu'elle est un exil qui nous sépare de notre véritable patrie...

« Lorsqu'il plaira à Dieu de me retirer de ce monde, je Le prie très instamment, par les mérites de son Fils adorable et ceux de la Très Sainte Vierge, d'oublier les péchés que la fragilité humaine aurait pu me faire commettre. Je Le prie de recevoir mon âme dans le sein de sa miséricorde, après avoir été fortifié par les derniers Sacrements de l'Eglise que je désire recevoir avant d'être à la dernière extrémité, afin qu'ils produisent en moi les grâces abondantes qui y sont attachées, quand on les reçoit avec de saintes dispositions.

« Je demande très humblement pardon à toute ma Communauté, ainsi qu'à ceux que j'aurais pu offenser ou scandaliser en quelque manière. Je pardonne moi-même de bon cœur à tous ceux qui m'ont offensé et à ceux qui ont pu me faire quelque tort. Je remets mon âme et mon salut entre les mains de Dieu, mon Créateur et ma dernière fin...

III. — Je donne à Dieu et je consacre à la Très Sainte Vierge les Frères de la Sainte-Famlile, dont le Seigneur a bien voulu me faire le Père et le Supérieur. Je leur lègue, à ces dignes enfants, qui me sont tous si chers, le *Guide* dit *des Frères de la Sainte-Famille*, qui renferme les Règles que Dieu m'a inspiré de leur tracer. Je leur recommande de les observer avec une grande fidélité, parce que c'est en elles qu'ils trouveront la vie et le bonheur. Ah ! s'ils en déviaient, ils perdraient bien vite l'esprit de leur état, et ils s'exposeraient aussi à perdre leur sainte vocation ; et alors, loin de faire le bien qu'on a lieu d'attendre d'eux, ils ne feraient, hélas ! que le mal et se perdraient, en offensant le Dieu de bonté qui les a comblés, comme moi, de tant de grâces, surtout en les séparant du monde où il y a tant d'écueils pour le salut...

« Pour ne gêner le vote de personne et ne pas contrevenir à la Règle, je ne nomme point moi-même mon successeur, mais j'invite les Frères de l'Association, qui sont appelés, par leur rang, à l'élire, à ne rien faire à cet égard sans consulter Dieu par la prière et Mgr l'Evêque de Belley...

« Je recommande à tous nos Frères, par l'amour et par l'intérêt que je n'ai cessé de leur porter, de s'entr'aimer toute leur vie, de s'édifier les uns les autres. Qu'ils se tiennent constamment dans l'humilité et l'état de grâce ; qu'ils soient des hommes de prière ; qu'ils aiment par dessus tout Dieu, leur Règle et leur Supérieur ; qu'ils chérissent particulièrement la pureté, l'obéissance et la sainte pauvreté. Je leur recommande d'être stables dans le bien et leur sainte vocation, d'être patients dans les peines de la vie et de les supporter avec résignation, à l'exemple de notre divin Sauveur ; d'avoir le plus grand respect pour les Oints du

Seigneur et pour tous ceux qui seront chargés de leur conduite.

« Enfin, je leur recommande d'être les soutiens fidèles et constants de leur chère Congrégation, d'en remplir le but avec piété et zèle, de l'honorer par leur bonne conduite et de porter partout la bonne odeur de Jésus-Christ.

« En terminant cet acte qui est mon vrai testament spirituel, écrit de ma propre main, je prie bien humblement le Seigneur de l'avoir pour agréable et de m'accorder la grâce insigne de mourir de la mort du juste afin que, lorsque mon âme sera sortie de ce monde, elle vive en Dieu et que toutes les offenses qu'elle a commises lui soient pardonnées, par les effets de son infinie miséricorde . . . .

. . . .

« Belley, en notre Maison-Mère, le 25 août 1864.

« F. GABRIEL,

*Supérieur général des Frères
de la Sainte-Famille.* »

EPILOGUE

L'Institut qui avait coûté tant de travaux et de déboires à son vénéré Fondateur, ne devait pas disparaître avec lui. Le grain de senevé humblement planté à Belmont, et déjà devenu un grand arbre en 1864, continuera dans la suite des temps, arrosé des bénédictions du Ciel, à étendre les rameaux de ses deux maîtresses-branches : les Frères instituteurs et les Frères sacristains.

L'épouvantable tempête de la persécution, par les iniques lois de laïcisation et d'association, l'a rudement secoué sans doute, mais sans parvenir cependant à le renverser.

Chassés de Belley, les Frères de la Sainte-Famille transportèrent en Italie, à Chieri, non loin de Turin, leur Maison-Mère avec son Noviciat, auquel ne tarda pas d'être adjoint un florissant Juvénat, pépinière pleine d'espoir de futurs religieux. D'autre part, des établissements prospéraient en Espagne et dans l'Uruguay.

La grande guerre, à son tour, a pratiqué des coupes sombres dans les rangs de ces héroïques fils de France revenus offrir leur vie pour la défense de la patrie qui les avait expulsés de son territoire ; mais voici que, peu à peu, de nouvelles recrues arrivent à combler les vides creusés par le terrible fléau.

Bref, du trône céleste où nous avons lieu d'espérer que ses mérites l'ont placé, le Frère Gabriel peut jeter sur la terre un regard de satisfaction. Son œuvre est prospère, et ses fils restent dignes de lui.

TABLE DES GRAVURES

TABLE DES MATIÈRES

Première Partie : LA PRÉPARATION

Chapitre I. — **Le foyer natal**

Chapitre II. — **La première enfance**

Chapitre III. — **Le Pastoureau**

DEUXIÈME PARTIE : LES ÉPREUVES

Chapitre VIII. — **La Révolution de 1848**

Chapitre IX. —**Deuxième voyage à Rome**

Chapitre X. — **Les tribulations d'un Supérieur**

Chapitre XI. — **L'abbaye de Tamié**

Chapitre XII. — **Les aumôniers de l'Institut**

Chapitre XIII. — **Le Curé d'Ars et la Sainte-Famille**

www.ingramcontent.com/pod-product-compliance
Ingram Content Group UK Ltd.
Pitfield, Milton Keynes, MK11 3LW, UK
UKHW021646170726
13836UKWH00005B/2428